写给孩子的传统八德故事

写给孩子的传统八德故事

# 礼义廉耻

◎ 贝贝熊童书馆 选编 ◎ 李后佶 绘

CHISO 青少社 SINCE 1956 新疆青少年出版社

图书在版编目（CIP）数据

写给孩子的传统八德故事. 礼义廉耻 / 贝贝熊童书馆选编；李后佶绘. -- 乌鲁木齐：新疆青少年出版社,2021.1（2022.8重印）
ISBN 978-7-5590-6866-8

Ⅰ. ①写… Ⅱ. ①贝… ②李… Ⅲ. ①品德教育－中国－儿童读物 Ⅳ. ①D432.62

中国版本图书馆CIP数据核字(2020)第223910号

写给孩子的传统八德故事

礼义廉耻 LI YI LIAN CHI 贝贝熊童书馆 / 选编 李后佶 / 绘

出 版 人：徐 江　　策 划：许国萍
责任编辑：刘 露　　美术编辑：张春艳 邓志平
特约审校：柳 佳　　法律顾问：王冠华 18699089007

出版发行：新疆青少年出版社
（地址：乌鲁木齐市北京北路29号 邮编：830012）
经 销：新华书店
印 制：北京博海升彩色印刷有限公司
开 本：710mm×1000mm 1/16
印 张：12
页 数：192
字 数：90千字
版 次：2021年1月第1版
印 次：2022年8月第3次印刷
印 数：10 001—15 000册
书 号：ISBN 978-7-5590-6866-8
定 价：32.00元

# 前　言

中华民族是一个历史悠久、拥有灿烂文化的民族。中华传统文化博大精深，源远流长。自古以来，我国就是一个重礼仪、讲美德的国家。对于美德的提倡与践行，贯穿于不同的历史时期，渗透在我们的日常生活中。所谓“传统八德”即八种中华民族传统美德，具体包括：孝、悌、忠、信、礼、义、廉、耻。

孝即孝顺，为人子女，应当孝顺父母，牢记父母的养育之恩；悌则是指兄弟姐妹之间互帮互助的情义；忠即忠心，忠于国家，忠于人民；信即信用，与人相处，要言而有信，不欺骗他人；礼即礼节，待人有礼貌，做事遵礼法；义即义气，是指一个人应该具备的正义感，无论谁有困难，都要尽力去帮忙；廉即廉洁，对不义之财，不起贪求之心；耻即羞耻，凡是违背原则，违背道义的事情，坚决不做。这八种品德，乃中国传统文化的核心，应该成为每一个中国人为人处世时必备的美德。

为了弘扬中华民族的传统美德，我们编写了《写给孩子的传统八德故事——孝悌忠信》和《写给孩子的传统八德故事——礼义廉耻》，以相关的历史故事为素材，展示了古代先贤的处世言行与品德操守。希望这套书能够帮助孩子们端正思想，明辨事理，进德修业，引导他们尊敬师长，反哺父母，提高自身的核心素养，同时培养他们正直守信的道德品行、高尚的人生理想和爱国主义情操。

本书参照蔡振坤先生的《八德须知》选编，由于时代差异，我们删除了原书中的部分内容，精选了适合当下青少年阅读的故事，并采用趣味解析的方式对原文进行了解读。由于水平有限，书中难免存在不足的地方，望读者批评指正。

编 者

# 目录

## 礼



## 义

## 廉

## 耻

# 礼

# 宋桓罪己

宋桓未立，深明大体，遇水恤民，言惧名礼。

【原文】

周宋大水，鲁庄公使吊[1]焉。公子御说，承父命对曰："孤实不敬，天降之灾，又以为君忧，拜命之辱。"臧文仲曰："宋其兴！禹汤罪己，其兴也勃焉；桀纣罪人，其亡也忽焉。且列国有凶，称孤，礼也。言惧而名礼，其庶乎！"

【注释】

①吊：慰问遭遇不幸的人。

【解析】

春秋时，宋国遭受了严重的水灾，农田毁坏，百姓流离失所。鲁国国君得知宋国的灾情后，派遣使者前去慰问，并表示愿意为宋国提供帮助。

宋庄公的儿子公子御说奉命迎接鲁国使者，他对鲁国使者说："宋国遭受这么严重的灾难，都是孤的过错啊！我没有敬奉上天，没有及时帮助百姓，以至于灾祸到来后，百姓们损失惨重。如今灾情严重，还要劳烦贵国国君为我国担忧，实在是太惭愧了！请您先接受我对贵国的拜谢吧。"说完便向鲁国使者行礼。

使者返回鲁国后，向鲁庄公转述了公子御说这番话，鲁国大夫臧文仲感慨道："宋国马上就要兴盛起来了！以往贤明的君主，如夏朝的禹王和商朝的汤王，他们常常反省自身的过错，所以很快就兴盛起来；而像夏朝的桀、殷朝的纣那样残暴无德的君主，每次国家有灾难，他们都会将罪过推到他人身上，从来不从自己身上找原因，不反省自己的不足，所以他们很快便使国家走向灭亡。因为国家遭遇灾祸，公子御说自称'孤'，这也是非常谨慎又合理的称呼。像公子御说这样谨言慎行的人，一定会带领宋国走向强盛。"

公子御说后来继位为宋桓公，果然成为一代明君。

# 孔子尽礼

至圣孔子，老聃是师，事君尽礼，温恭威仪。

【原文】

周鲁孔子，幼嬉戏，陈俎豆①，设礼容。适周，问礼于老聃。仕鲁，摄行相事，事君尽礼。入太庙，每事问。从而祭，膰肉②不至，遂行。过宋，与弟子习礼树下。燕居，申申③夭夭④，温而厉，威而不猛，恭而安。席不正不坐；割不正不食。

【注释】

①俎豆：祭祀、宴客用的器具。俎，zǔ。
②膰肉：古代祭祀用的熟肉。膰，fán。
③申申：容貌舒展的样子。
④夭夭：神情愉悦的样子。

【解析】

伟大的思想家、教育家孔子，出生于春秋时期的鲁国。孔子小时候就聪明好学，非常注重礼节。他幼年和小伙伴们玩游戏时，便会陈设礼器，模仿成年人祭祀的礼仪。

为了更加全面地了解周礼，孔子曾经亲自到周朝王都洛阳向老子请教。后来他在鲁国做司寇，代理相国的职务，尽职尽责地服侍国君，谦恭有礼。

孔子每次进入太庙，都会虚心地向那里的人请教，生怕自己有失礼的地方。

有一次，孔子跟随鲁国国君一起行祭礼，祭礼完毕后，鲁国国君没有按照祭祀的礼仪将祭祀的熟肉分给士大夫们共享。孔子觉得这是非常无礼的行为，便离开了。

经过宋国时，孔子还不忘带领弟子们在树下习练礼节。

在日常生活中，孔子也会以礼来规范自己的言行。孔子的神色总是轻松愉悦，不会无缘无故地乱发脾气，看起来温文尔雅，又不失威仪。他外表恭谨，内心又非常安泰，待人接物从来不会违背礼节。席子如果摆放在不合适的位置上，他便不肯坐下；肉如果切得不方正，他便不肯吃。即使是非常小的事情，孔子也会按照礼节去做，绝不苟且。

孔子不仅是当时社会上最博学的人之一，对后世也产生了深远的影响。现在人们尊称孔子为“至圣”“万世师表”，以表达对他的追思和崇敬。

# 蘧瑗[1]敬上

卫蘧伯玉，敬上知非。夜车止阙[2]，见信宫闱[3]。

【原文】

周卫蘧瑗，字伯玉。年五十，知四十九年之非。灵公与夫人南子夜坐，闻车声辚辚[4]，至阙而止。南子曰："此蘧伯玉也。"公曰："何以知之？"南子曰："礼，下公门，式[5]路马，所以广敬也。君子不以冥冥堕行。伯玉，贤大夫也，敬以事上，此其人必不以暗昧废礼。"公使问之，果伯玉也。

【注释】

①蘧瑗：qú yuàn。

②阙：此处为宫门的代称。

③宫闱：帝王的后宫，后妃的住所。

④辚辚：象声词。车行声。
⑤式：通“轼”。以手抚轼，为古人表示尊敬的礼节。

【解析】

春秋时期有一位名叫蘧瑗的贤者，字伯玉。他五十岁了，常常反省自己过去四十九年的过失。

有一天晚上，卫灵公与夫人南子在宫中交谈，忽然听到马车的声音。马车走到宫门口时，忽然停了下来，不再发出声音。南子非常肯定地说：“这辆车子上坐着的，一定是蘧伯玉了。”卫灵公疑惑地问道：“只是听到了马车的声音，并没有见到车里的人，你怎么能这么肯定呢？”南子回答说：“按照礼节，臣子经过君主的宫门口时一定要下车，看见君主的马车也一定要行礼。蘧伯玉那么贤良有礼的人，不论是在君主面前，还是在没有人看到的地方，都会恭敬守礼的。”卫灵公听了，派人出去问，果然是蘧伯玉。

真正守礼的人，会把礼仪深深印刻在心中。无论何时何地，他们都会用礼仪来规范自己的言行，不说虚妄的话，不做无礼的事，不会在有人看到的地方故意表现自己，更不会在没人看到的地方就做悖礼的事。他们对礼的遵循不分时间、不分场合。

# 高柴端履

高柴端履，守礼如愚。避难出走，不窦[1]不逾。

【原文】

周卫高柴，字子羔。端履操，生平足不履影，启蛰不杀，方长不折。执亲之丧，泣血三年，未尝见齿[2]。仕卫为士师，治狱仁恕。蒯聩之难，子羔出走。刖[3]者守门，谓之曰："于彼有缺。"子羔曰："君子不逾。"又曰："于彼有隧。"子羔曰："君子不窦。"又曰："于此有室。"子羔乃入避焉。

【注释】

①窦：孔、洞。

②见齿：指笑。笑则露齿，故云。

③刖：yuè，古代的一种酷刑，把脚砍掉。

【解析】

春秋时，卫国有一个名叫高柴的人，字子羔，他曾经拜孔子为师，在孔子门下学习礼仪。

高柴品行端庄，德操高尚。平时走路时，他从不会用脚踩踏别人的影子；万物复苏时出来活动的小动物，他从不会肆意伤害；正在生长的草木，他也绝不会随意攀折。

高柴曾在卫国做狱官，负责处理诉讼案件，在任期间，公正平和、宽大仁慈。后来卫国发生内乱，许多百姓外出逃命，高柴也准备离开卫国，到别处生活。

等高柴走到卫国的城门口时，城门口已经被逃命的百姓围挤得水泄不通。把守城门的人对高柴说："我知道距离这里不远的城墙边上有一个缺口，你可以从那里逃走。"高柴对守门人说："一个守礼的人是不可以这样做的。"守门人又说："那边还有一条地道，你可以从那里逃出去。"高柴又说："守礼的君子是不会钻地洞逃命的。"守门人看高柴不肯违礼，便告诉他可以先到附近的房屋里躲避，高柴才同意。

高柴在鲁国做长官时，当地一个人的哥哥去世了。弟弟原本不愿意为哥哥办丧事，可当他听说以重礼闻名的高柴是当地的长官时，便穿上了孝服。

高柴向来以礼教感化他人，别人也被他的言行影响，不敢违背礼节。

# 宿瘤采桑

齐宿瘤女，东郭采桑，不视车马，见重湣[1]王。

【原文】

周齐东郭采桑女，项有大瘤，故号曰“宿瘤”。湣王出游，车骑甚盛，百姓尽趋观，女采桑如故，目不一视。王召问之，应对有礼，悦其贤，命后车载之。女曰：“不受父母之教而随大王，是奔女[2]也。”王大惭，称为圣女，以金百镒[3]聘为后。用其言，而期月之间，威震邻国，诸侯朝之。

【注释】

①湣：mǐn。

②奔女：私奔之女。

③镒：yì，古代重量单位。

【解析】

战国时期，齐国有一位年轻的采桑女，因为她脖子上长了一个很大的瘤子，人们都叫她宿瘤女。

有一次，齐国的国君齐滑王到宿瘤女家附近游玩，宿瘤女的邻居、朋友都扔下手边的活，跑去看热闹，只有宿瘤女依旧在采桑。

齐滑王看宿瘤女一眼都不看自己，感到非常奇怪。于是，他让仆从把宿瘤女叫来问话。宿瘤女听说齐滑王要见她，并不惊慌。齐滑王看她举止得体，应对事情有礼有节，便想叫她跟随自己到宫里去。

齐滑王问道："你是否愿意乘着车子跟我到宫里去呢？"宿瘤女不卑不亢地回答道："没有经过父母同意便跟着大王进宫，这是非常无礼的做法。如果我这样做了，和私奔的女子有什么区别呢？"齐滑王听了，非常惭愧，更加敬佩宿瘤女。

回宫以后，齐滑王便用黄金百两做聘礼，迎娶宿瘤女做了王后。后来他每次有难以处理的政事时，都要询问宿瘤女的意见。宿瘤女做了王后以后，也非常注重礼节，从不做违背礼仪的事。她总是在齐滑王需要帮助的时候，为他建言献策。不久后，各国诸侯纷纷前来朝见齐国国君，齐国威名远扬，国力强盛，宿瘤女贤良的名声也传遍各国。

# 杨刘责子

刘氏达礼，其子醉归，不见十日，痛责其非。

【原文】

汉杨元琮[①]母刘氏，字泰瑛，益都人，贞顺达礼。早寡，有四子，元琮其长也。常出饮酒，自御[②]而归，刘氏不见十日。元琮因诸弟谢过，刘氏乃数之曰："夫饮食有节，不至沉湎[③]者，礼也。汝乃荒慢无礼，自为败首，何以帅诸弟乎？"

【注释】

①琮：cóng。
②御：驾车。
③沉湎：深深地迷恋着，不能自拔。

【解析】

汉朝有一个名叫杨元琮的人，他的母亲刘氏为人贤明和顺，通晓礼仪。杨元琮的父亲很早就去世了，杨元琮的母亲独自抚养他们兄弟四人长大，非常辛劳。

杨元琮是长子，他平时非常爱喝酒，常常到外面喝酒到深夜，喝得大醉才回家。每次他喝醉酒回来，母亲刘氏都非常生气，罚他十天不许向她请安。杨元琮自知理亏，便带着三个弟弟到母亲面前承认错误。刘氏责备他说："饮食有节制，不沉湎其中，是大丈夫应该遵守的礼节。何况你身为兄长，一言一行都要为弟弟们做榜样。你现在荒唐无度，不守礼法，自甘堕落，又怎么做弟弟们的表率呢？"

在婚丧嫁娶等重要的仪式上，人们会喝酒。酒可以辅助礼仪的完成，但也会破坏礼仪。如果人们不加节制地沉迷其中，喝酒喝到丧失理智，那就是非常失礼的做法了。杨元琮喝起酒来不加节制，他的母亲责罚他，也是理所当然的事情。

# 续母方肉

陆续之母，探狱洛阳，作食馈子，葱寸肉方。

【原文】

汉陆续母，吴人，治家有法。续为太守尹兴门下掾[①]，时楚王英谋反，事连续，逮系洛阳狱。母自吴至洛阳，无缘见续，但作食馈之。续对食悲泣不自胜，使者问其故，续曰："母来不得相见，是以悲耳。"使者问何以知之，续曰："母切肉未尝不方，断葱以寸为度，是以知之。"使者访诸谒[②]舍，果然，嘉之，为上书述续行状，续得赦还。

【注释】

①门下掾：某人门庭之下的副官。掾，yuàn。

②谒：yè，拜见，拜访。

【解析】

汉朝有一个名叫陆续的人，幼年丧父，是他的母亲一手抚养他长大。陆续的母亲贤明有礼，将家中的大小事务处理得井井有条。

楚王刘英谋反，陆续受到牵连，被官兵抓起来押送到洛阳的大牢里。陆续的母亲得知这件事后，马上从家乡赶到洛阳，想到牢房里看望陆续。可是，牢狱里守卫森严，陆续的母亲不能轻易见到他。于是，她只能做一些陆续平时爱吃的饭菜，托人送进牢里。

陆续打开食盒便大哭起来，朝廷的使者不解地问道："有人送你这么丰盛的饭菜，你为什么还要哭呢？"陆续回答说："我的母亲来了，这是我母亲做的饭菜。母亲听到我坐牢的消息一定非常担心，她辛苦地从家乡赶来洛阳，我却不能与她相见，实在是太悲伤了。"使者困惑地问道："你怎么这么肯定，这些饭菜就是你母亲做的呢？"陆续回答说："我的母亲是一个恭谨守礼的人，她在任何小事上都不会违背礼仪。她平时切肉的时候，会把肉切得四四方方，切葱一定都是一寸长。我打开食盒后，看到里面的饭菜全部整整齐齐地摆放着，就知道是我母亲来了。"

使者心中惊讶，亲自到旅馆询问，问过以后才知道，送饭

的人果然是陆续的母亲。他非常赞赏陆续母亲的德行，上书给皇帝，向皇帝陈述了自己在狱中的所见所闻，希望皇帝下令重新调查陆续的案件。经过仔细调查，陆续果然是清白的，皇帝下令赦免了他。

一个人如果内心正直清白，便不会做邪恶的事；如果内心重情重礼，那么一言一行都不会违背礼仪。陆续的母亲在切肉这件小事上都那样严谨守礼，这样的母亲又怎么会教导出一个无礼的儿子呢？

# 孙晷[1]温恭

孙晷独处，未尝倾斜，穷老告索，欣敬有加。

【原文】

晋孙晷，恭孝清约。每独处幽暗之中，容止瞻望，未尝倾斜。虽侯家丰厚，而布衣蔬食，躬[2]耕垄亩。诵咏不废，欣然独得。亲故有穷老者数人，恒往来告索，人多厌慢之。而晷欣敬逾甚，寒则同寝，食则同器。朝野称之。

【注释】

①晷：guǐ。
②躬：亲自。

【解析】

晋朝有一个名叫孙晷的人，为人恭谨孝顺、清俭节制。即使独自一人，孙晷也时刻注意自己的容貌举止，不会有半点随意的样子。

孙晷出生在一个非常富裕的家庭，可是他没有一点骄奢淫逸的习气，反而生活得非常简朴。他喜欢穿舒适的布衣，吃简单的食物，从不因富有便随意浪费。孙晷还亲自耕种田地，每天读书吟诗，日子过得简单、舒适。

孙晷有几个年老穷苦的亲戚，他们常常到孙晷家借钱。孙晷的家人们都很讨厌这些穷亲戚，对待他们怠慢无礼。可是孙晷却非常欢迎他们，也尽可能地为他们提供帮助。天气寒冷的时候，孙晷便与他们一起睡，吃饭也与他们在一张桌子上吃，从来不会因为对方贫穷便忽略了待客的礼仪。因此，不论是这些穷苦的亲戚，还是孙晷的家人、朋友们，都称赞他是一个恭谨守礼的人。

一个人独处时，常常会忽略自己的言行。可是孙晷即使独自一人，行为举止也非常端正，不会违背礼仪。他对年老穷苦的人也体贴有礼，不会因为对方穷苦便忽略了待客的礼节。孙晷真是值得我们学习的典范啊。

# 陶湛款宾

陶母礼客，不患家贫，剉[①]荐截发，款待嘉宾。

【原文】

晋陶侃母湛氏，归侃父丹为妾。陶家贫贱，湛氏每纺绩资给之，使侃结交胜己者，宾至，辄款延不厌。一日大雪，鄱[②]阳孝廉范逵[③]宿焉，母乃撤所卧新荐，自剉给其马。又密截发，卖以供肴馔。逵闻之，叹曰："非此母不生此子。"侃后为浔阳县吏，监鱼梁，以一坩[④]鲊[⑤]遗母，母封还，以书责侃曰："尔为吏，以官物遗我，是增我忧矣。"

【注释】

①剉：cuò，铡切，斩剁。

②鄱：pó。

③逵：kuí。
④坩：gān，盛物的陶器。
⑤鲊：zhǎ，盐腌的鱼。

【解析】

东晋名将陶侃，出生在一个非常贫苦的家庭。陶侃的母亲湛氏平时辛勤地纺纱织布，赚钱贴补家用，尽心尽力抚养儿子陶侃。尽管生活贫苦，可湛氏勤劳恭谨，一言一行都非常守礼。

湛氏总是教导陶侃要结交品性良好、谦恭有礼的朋友，多多向他们学习，不断增长自己的学问与见识。

虽然陶侃一家生活贫寒，可是，每当家里来客人时，湛氏总是非常热情地招待他们，没有一点不耐烦的样子。

有一年冬天，天寒地冻，大雪纷飞，陶侃家来了一位名叫范逵的客人。范逵牵着一匹马，准备在陶侃家过夜。冬天没有新鲜的草料喂马，陶侃的母亲不忍心让客人的马挨饿，便把自己睡觉用的草席拿出来砍断，给客人的马做了草料。家中没有酒菜招待客人，陶侃的母亲便悄悄地把头发剪掉，拿去卖了些钱，到酒铺中买了一些酒菜，用来招待客人。范逵得知这件事后，不由感叹道："这样谦恭有礼的母亲，难怪会教出陶侃这样优秀的儿子啊！"

后来，陶侃做了官，陶家逐渐富裕起来。可是，尽管生活变好了，湛氏依旧过得非常简朴，从不因为富贵便随意浪费，也不因为富贵便忽视自己的言行。

有一次，陶侃从自己管理的鱼塘中捕捞了一些小鱼送给母亲吃，湛氏收到后，原封不动地送了回来，并让差使带了一封信给陶侃，信上说："你做官以后，责任重大，平时更应该谦恭守礼，以礼来规范自己的言行。你现在把官家的东西拿给我吃，这是不合规矩的做法啊！你这样做，只会增加我的负担，不会让我开心。"陶侃看后非常惭愧，从此谨言慎行，严守礼仪。

陶母疼爱自己的儿子，时时刻刻以身作则，以恭谨有礼的行为来教导儿子礼仪，实在是用心良苦。陶侃能够听从母亲的教导，以母亲为榜样，也是非常守礼的做法。

西域
常山
大陸

# 彦光易俗[1]

彦光立学，招致大儒，焦通礼阙，令其观图。

【原文】

隋梁彦光，为相州刺史。相州人情险诐[2]，千变万端。光招致大儒，每乡立学，非圣哲之书不授。于是人皆刻励，风俗大变。有焦通事亲礼阙，为从弟[3]所讼。光令观孔庙中图像，通悲愧若无容，因训而遣之，卒为善士。

【注释】

①易俗：改变风俗。

②险诐：阴险邪僻。诐，bì。

③从弟：堂弟。

【解析】

隋朝有一个名叫梁彦光的人，在相州做刺史。相州一带民风彪悍，非常难管理。梁彦光在任时，立志一定要改变相州的不良风气。他在相州的每一个乡村都设立了学校，并请当地品行端正、学问渊博的读书人做老师，教授当地人礼仪，并请他们以先贤圣人的事迹来推行教化。

学堂设立后，老师们非常用心地教授礼仪，乡民们也刻苦勤勉地学习，几年后，相州地方的人民也开始按照礼节行事，当地的民风有了很大的改变。

有一个名叫焦通的人，侍奉双亲不守礼节，他的堂弟将他告到了衙门。梁彦光让焦通到夫子庙去看韩伯愈被母亲责打的画像。画上展现的是韩伯愈被母亲责打，却没有感觉到疼痛，反而由此想到自己的母亲年老体衰而悲伤大哭的场景。焦通看了以后既难过又无地自容。梁彦光见他有所感触，训导了一番之后便放他回家了。

后来，焦通改过自新，用心侍奉父母，直到父母过世。

梁彦光做岐州刺史时，便一直推行仁爱政策，教导当地百姓按照礼仪行事。等他做了相州刺史，仍然大力提倡礼教，使当地的民风有了很大的改变。正因为他时时刻刻恭谨有礼，才能够一直以礼教化民众。

# 郑崔夜绩

崔氏知礼，诫子名扬。夜分犹绩，媲美敬姜。

【原文】

隋郑善果母崔氏，子为方岳，袭封公，母恒纺绩，每夜分而寝。善果曰："儿封侯开国，秩俸幸足，母何自勤若此？"母曰："吾谓汝知天下理，今闻此言，公事何由济乎？今秩俸，乃天子报汝先人殉命也，当放赡[①]六姻，为先君之惠。至丝枲[②]纺绩，妇人之务，自皇后及大夫士妻若惰业者，是为骄逸。吾虽不知礼，其可自败名乎。"

【注释】

①赡：shàn，供给。

②枲：xǐ，麻类植物的纤维。

【解析】

隋朝有一个名叫郑善果的人，他的父亲在他很小的时候就去世了。由于郑善果的父亲对国家有功劳，郑善果长大后便继承了父亲的爵位，小小年纪便声名显赫。

有一次，郑善果看到母亲亲自纺纱织布，一直忙到深夜才睡，非常辛苦，疑惑地问："母亲，儿子现在已经做了高官，所得的俸禄完全可以让我们过上富裕的生活，您为什么还要这么辛苦地纺纱织布呢？"

崔氏语重心长地说："我原本以为我这些年辛苦地教导你，你已经懂得了大道理，可是今天听你讲出这番话来，说明你还没有明白做人的道理啊！你连最基本的礼仪都不懂，又怎么能去办理国家大事呢？朝廷为了奖励你父亲为国家做出的贡献才给了你这些恩赐，你不感念你父亲和朝廷的恩德，却以为是凭借自己的力量走到今天，实在是太无礼了。你不应该独自享受富贵的生活，应该多多帮助那些穷苦的人。至于纺纱织布，这是妇人能做到的事，上自皇后下至大夫士官的妻子，都应该尽她们应尽的责任，如果懒惰无为，便是骄逸。我虽然不懂礼法，也不会败坏自己的名誉。"

崔氏一生谨慎有礼，即使衣食不愁，也努力尽自己的力量劳作，不愿意过骄奢淫逸的生活。她教导儿子感念国家和父亲的恩德，多多帮助穷苦的人，真是用心良苦。正因为有崔氏这样勤劳贤惠、通达晓礼的母亲，郑善果才能知礼明理，保持谦虚谨慎的作风。

# 德言对经

德言开经，辄先祓濯[1]，束带振襟，危坐苦学。

【原文】

唐萧德言，字文行，明《左氏春秋》。太宗时，历著作郎、弘文馆学士。晚节学愈苦。每开经，辄祓濯，束带危坐。妻子谏曰："老人何自苦？"曰："对先圣之言，何复惮劳？"诏以经授晋王，封武阳县侯。卒年九十七。

【注释】

①祓濯：fú zhuó，除垢使洁；清除污渍。

【解析】

唐朝有一个名叫萧德言的人，他学识渊博，精通《左氏春秋》。唐太宗时，萧德言负责编修国史，他做事尽职尽责，广受好评。后来，萧德言又升做弘文馆学士，在任期间，很有名望。

到了晚年，萧德言更加刻苦地钻研学问，毫不懈怠。每天读书前，萧德言要先洗干净自己的手和脸，并且穿戴整齐后才坐到桌子旁。他坐姿端正，从不随意让身体歪斜。

萧德言的妻子觉得他年纪大了，每天这样坐着读书，非常辛苦，便忍不住劝道："你都这么大年纪了，何必还要这样为难自己呢？"萧德言回答道："书中所写，都是先贤圣人之言，圣贤教导我们要规范自己的言行，我读它们，怎么会觉得辛苦呢？无论多大年纪都应该守礼，读书时坐姿端正，不歪斜身体，这也是对先贤的尊重啊！"妻子听后，也非常敬佩他。

萧德言因为品行端正，被皇帝诏去教授晋王研读经书，后来被封为武阳县的侯爵。他恭谨有礼，无论是在当时还是后世，都有很好的名声。

# 镇周赠帛[①]

镇周宴客，赠帛泪流，官民礼隔，不得交游。

【原文】

唐张镇周，舒州人。自寿春迁舒州都督，就故宅，多市[②]酒肴，召亲故酣饮十日。既而分赠金帛，泣与之别。曰：“今日犹得与故人欢饮，明日则舒州都督治百姓耳。官民礼隔，不复得为交游。”自是一无所纵，境内肃然[③]。

【注释】

①帛：顶级丝制布匹。

②市：购买。

③肃然：安定平静，秩序良好。

【解析】

唐朝时，舒州有一个名叫张镇周的人，他早年外出做官，后来又调回老家舒州做都督。

回到家乡以后，张镇周并没有马上上任，而是叫人准备了丰盛的菜肴，打算宴请自己的亲戚朋友。张镇周办酒席请客的消息传遍了舒州城，许多人收到了邀请。宴席上欢声笑语不断，人们吃喝玩闹，非常畅快。

酒席摆了足足十天，第十天结束时，张镇周将自己积攒的金银绸缎分给众人，流着眼泪说道："今天能与诸位一起喝酒，我实在是太高兴了。明天我就要上任做舒州都督了，上任以后我必须遵循礼节，秉公办案，不能因为我与大家熟识，便徇情枉法啊！"众人听后，非常敬佩张镇周，觉得他是一位有原则的官员。

后来张镇周上任以后，秉公办事，没有一丝一毫徇情枉法的地方。他做官期间，舒州境内安稳太平，秩序井然。

张镇周以舒州人的身份做舒州都督，每天都要与自己的亲戚朋友打交道，一定会有很多为难的时候。如果他要守礼，便有可能得罪亲戚朋友，可是徇私又是违背礼法的行为。于是，他先宴请亲戚朋友们，赠以厚礼，请他们在日后能够多多担待，这是非常重情义的做法。在任期间，他一直遵循礼节，没有因为私人感情违背做官的原则，这实在是非常难得的事。

# 杜后礼法

杜后治家，夙有礼法。教子君难，得绵宋业。

【原文】

宋太祖赵匡胤[①]母杜氏，治家毅，有礼法。生五子，太祖其次也。太祖即位，尊杜氏为太后。帝拜于殿上，群臣称贺，太后愀然不乐[②]。左右进曰："臣闻母以子贵，今子为天子，胡为不乐？"太后曰："吾闻为君难，天子置身庶兆[③]之上，若治得其道，则此位可尊，苟或失驭，求为匹夫不可得。是吾所以忧也。"太祖敬受教。

【注释】

①胤：yìn。

②愀然不乐：脸上忧愁严肃，心中不愉快。愀，qiǎo。

③庶兆：犹言兆民，指万民、百姓。

【解析】

宋太祖赵匡胤的母亲杜氏，治家很严，并且非常有礼法。

赵匡胤做了皇帝后，尊杜氏为皇太后。宋太祖在宫殿里拜贺母亲，百官也一起向皇太后道喜，可是杜太后却不高兴。她身边的人问道："人常说'母凭子贵'，您的儿子现在已经做了皇帝，您还有什么忧愁的事呢？"杜太后回答道："虽然我的儿子做了皇帝，可我知道，做皇帝不是一件容易的事情。皇帝看似高高在上，但责任重大，每一个决定都要经过仔细的思考。如果他能把国家治理好，皇帝这个身份才能称得上尊贵显赫；如果他治理不好，百姓怨声载道，那么想再当回普通老百姓也不可能了。一旦做了皇帝，便有无数双眼睛看着他，他的一言一行都会被人盯着，绝对不能做不守礼的事情。这么辛苦的事，我当然会忧愁了。"

宋太祖听到这番话后，非常有感触。他下定决心，一定要做一个仁爱、严谨、守礼的皇帝。

百官朝贺的时候，杜太后原本可以耀武扬威，接受这份荣耀，可她却能够冷静地看待这件事，说出自己对儿子的担忧，杜太后真是一个贤明有礼的母亲。

# 杨时立雪

宋有杨时，师事程颐[1]，雪深一尺，侍立不移。

【原文】

宋杨时，字中立。潜心经史，第进士，调官不赴。以师礼见程颢[2]于颍昌，相得甚欢。及归，颢目送之，曰："吾道南矣。"颢卒，又从程颐于洛。年已四十，事颐愈恭。一日，颐偶瞑坐[3]，时与游酢[4]侍立不去。颐既觉，门外雪深一尺。

【注释】

①程颐：北宋理学家和教育家，为程颢胞弟。颐，yí。

②程颢：宋代大儒，理学家、教育家。颢，hào。

③瞑坐：闭目静坐。瞑，míng。

④酢：zuò。

【解析】

宋朝有一个名叫杨时的人，聪颖好学，认真勤勉。他中了进士，却拒绝到外地做官，只想潜心研究经史。后来，杨时拜颍昌著名学者程颢老夫子为师，专心研究理学。师徒二人相谈甚欢，非常投缘。

等他学成之后，拜别老师程颢。程老夫子目送他离开时感慨道："杨时这样有礼有节的学生，聪颖又勤勉，他到哪里，就一定会将学问带到哪里。"程老夫子去世后，杨时专门在家中设立灵位，时时祭拜老师。后来，杨时又投入程颢的弟弟程颐门下，到洛阳继续学习。

跟随程颐读书时，杨时已经四十岁了，可他对自己的老师更加恭敬有礼。

有一次，杨时和同学游酢有问题想请教老师程颐。他们不顾天气寒冷，起身前往程颐家。他们到达程颐的住处时，正赶上程颐闭目静坐。杨时和游酢不想打扰老师，便安静地站在门外等候。

天气寒冷，大雪纷纷落下，很快便没过了他们的脚。侍奉程颐的书僮多次想让他们去屋里避雪，杨时都拒绝了。他对书僮说："作为学生，有问题请教老师时，等候一下也是应该的。何况老师正在静坐，打扰他是很无礼的行为。"书僮听后，非常敬佩杨时。

雪越下越大，时间一分一秒地过去，等程颐静坐完毕后，杨时和游酢身上已经落了厚厚一层雪。

程颢、程颐是当时有名的学者，他们学问渊博，德高望重。杨时中了进士以后，放弃官位，跟随程颢、程颐两位老师读书，他是下定决心，想继续求学。

对待两位老师，杨时一向恭敬有加，有礼有节，为了不打扰自己的老师，他宁愿在雪中等候，没有一句抱怨。

后来杨时学有所成，成了对国家有贡献的人才。杨时程门立雪的故事也世代流传，成为千古美谈。

程
程

# 朱熹闲居

晦翁庄重，敬慎威仪，自少至老，须臾[1]未离。

【原文】

宋朱熹，字仲晦，自号晦翁，庄重能言。闲居，未明而起，深衣、幅巾、方履，拜于家庙及先圣，退坐书室。几案必正，书籍器用必整。倦而休也，瞑目端坐；休而起也，整步徐行[2]。其威仪容止之则，自少至老，未尝须臾离也。

【注释】

①须臾：极短的时间，片刻。臾，yú。

②徐行：慢慢地走。

【解析】

宋朝著名的理学家、教育家朱熹，出生于儒学世家，从小便聪颖好学。

传说，有一次，朱熹的父亲朱松指着天空告诉朱熹:“那是天空。”朱熹马上问道:“天的上面是什么呢?”朱松非常惊讶，觉得儿子问了一个非常了不起的问题。

朱松十分重视对朱熹的教育，不论是书本里的学问，还是日常生活中的礼仪，都会教给朱熹。所以，朱熹不仅学问丰富、能言思辨，为人处事也端庄稳重、恪守礼仪。

闲居在家的时候，朱熹每天天不亮就起床了。他身穿深衣、头戴幅巾、脚踏方履，穿戴整齐后先到家庙中祭拜祖先圣贤，然后回到书房读书。朱熹的书房非常整洁，几案摆放得端端正正，书籍也摆放得整整齐齐。如果看书看累了，他便端坐在凳子上，闭目养神一会儿;休息好了起来，他便在房中缓步行走片刻。他对自己在仪态和容貌举止方面的要求，从年少到年老，一直都没有放松过。

朱熹不仅是一个有学问的人，还是我国历史上著名的教育家。他一生致力于教育事业，热衷于授徒讲学，对当时乃至后世都有深远的影响。

# 希宪礼贤

元廉希宪，卓见超群，不厚尊贵，独礼斯文。

【原文】

元廉希宪，礼贤下士[1]。刘整以尊官往见，公不命坐。宋诸生褴褛，袖诗请见，公延[2]入坐，尽欢。既罢，人或问之。公曰："国家大臣，语默进退，系天下轻重。刘整虽贵，曾有犯上之行。诸生斯文，我不加厚，则儒术由此衰矣。"

【注释】

①礼贤下士：对贤者以礼相待；对学者非常尊敬。

②延：引进，请。

【解析】

元朝有一个名叫廉希宪的人，为人谦恭有礼，礼贤下士，非常尊敬读书人。只要对方是有学识、有德行的人，无论贫穷还是富贵，廉希宪都会以礼相待。

有一次，有一个叫刘整的大官前去拜访廉希宪，廉希贤听说他品性不佳，便没有请他入座。

后来又有几个衣衫破烂的穷秀才去拜访他，廉希宪知道他们都是有学识有品德的年轻人，便非常热情地招待了他们，与他们谈论诗文，交流得非常愉快。

等这些人都离开以后，廉希宪的朋友疑惑地问他："你对待前后到来的客人，态度怎么会有这么大的差别呢？一个是国家官员，位高权重，你对他那么冷淡。几个穷苦的读书人来了，你却以礼相待。"廉希宪回答说："作为国家官员，一言一行、一举一动都关系着天下安危，关系着百姓们的生活。刘整虽然身份尊贵，却是一个不守礼的人。对待不守礼的人，我也不会以礼相待。那些年轻的读书人虽然贫苦，可是个个彬彬有礼，谦虚谨慎。我如果不厚待这样的人，那么后世读书人谦恭有礼的风气也会就此衰落。"

世上有些人对显达富贵的人礼遇有加，却轻视贫贱穷苦的人，这是非常无礼的做法。无论贫穷还是富贵，只要是有德行的人，都应该被敬重。

# 义

# 殖母遣子

杞殖[1]之母，遣子力行，生而有义，死而有名。

【原文】

周齐杞殖之母，慷慨明大义。殖在齐以勇闻，齐侯将伐卫，为车五乘之宾。殖与华旋，皆不得与焉，殖深以为耻，归家不食。母曰："汝生而无义，死而无名，则虽与五乘，人孰不汝笑也；汝若生而有义，死而有名，则五乘之宾，皆为汝之下矣。"趣之食而遣之。及战，殖与华旋先入卫军，齐师从之，乃取卫之朝歌。

【注释】

①杞殖：人名。杞，qǐ。

【解析】

战国时，齐国勇士杞殖力大无比，勇猛无双，在齐国很有名。杞殖的母亲慷慨豁达，深明大义。

有一次，齐国国君想攻打卫国，便设宴款待齐国的武士，希望他们能够在战场上为国家效力。齐国国君派遣了五辆马车去接这些宾客，许多人收到了邀请。可是，杞殖和华旋却不在被邀请的名单里。杞殖觉得，这简直是奇耻大辱，便怒气冲冲地回了家，不肯吃东西。

杞殖的母亲看他郁郁寡欢的样子，便对他说："你活在世上，空有一身力气，却不做仁义的事情，那你也不值得别人尊敬。生前如果没有好名声，死后也无人追忆你，就算是齐王将你排进那五辆马车迎接的宾客名单里，你也会被众人耻笑的啊！如果你从现在开始，以一颗仁义的心去帮助弱者，尽自己的力量去帮助他人，自然会有好名誉，也自然会被赏识。你先吃饱饭，等齐国的军队出发时，你跟着去为国效力吧。"杞殖听了母亲的劝告，非常受启发。等到两国开战的时候，杞殖和华旋率先攻入卫军军营，其他的士兵跟在他们身后，齐军大败卫军，赢得了胜利。

杞殖的母亲嘱咐儿子不要贪图虚荣，只在乎眼前的利益，教导他只要心存仁义，用一颗仁义的心去帮助弱者，自然会获得好名誉，真是高瞻远瞩啊！

# 冯谖[1]焚券

冯谖弹铗[2]，客于孟尝，收债市义，焚券免偿。

【原文】

周齐冯谖，为孟尝君收债于薛。矫[3]命，以债赐诸民，焚券而归。孟尝君曰："债收毕乎？来何疾也？"曰："收毕矣。"问："何所市[4]？"曰："市义而还。君府藏盈积，惟寡义耳。"君曰："诺。"后孟尝君废，诸客皆去。独赖冯谖，得复其位。

【注释】

①谖：xuān。
②铗：jiá，剑或剑柄。
③矫：假托，诈称。
④市：买。

【解析】

战国时，齐国的孟尝君广招人才，他门下的食客人数众多，各有所长。其中有一位名叫冯谖的人，非常有谋略。

有一次，孟尝君问他门下的食客："有谁愿意替我去薛地收债吗？"冯谖一直受孟尝君的恩惠，还没有好好报答他，便自告奋勇地说："请让我去吧！不过，收完债以后需要买点什么东西吗？"孟尝君想了想说："你看看什么东西比较珍贵，或者买点我们家没有的东西吧。"

冯谖到了薛地以后，看当地的百姓生活得非常艰难，实在不忍心再找他们要债。百姓们听说孟尝君派人来催债后，也怨言不断。

冯谖了解情况以后，便把百姓们召集起来，对他们说："孟尝君知道大家生活得非常辛苦，所以派我来告诉大家，以前的债一笔勾销，不用偿还了。孟尝君还让我带着字据，今天我就当着大家的面，把这些字据烧掉。"说着，冯谖果真把字据都烧掉了。薛地的百姓们听后，非常感动，他们称赞孟尝君仁义，纷纷表达了对他的感激之情。

冯谖把债券烧光后，两手空空地回家了。孟尝君看他这么快就回来了，非常奇怪，便问道："债都收完了吗？"冯谖回答说："收完了。"孟尝君继续问道："那你买了什么回来？"冯谖又答道:“买了人心回来。”孟尝君更加困惑了。冯谖接着说道:“我去了薛地以后，看百姓们生活得非常艰难。我想了想，您家里有用不完的金银财宝，良田牲畜无数，缺少的只有一个‘义’字了。这点债对您来说不过是锦上添花的小钱，可是对于生活贫苦的百姓们来说，向他们要债无异于雪上加霜啊！所以我自作主张焚毁了债券，百姓们非常感激您，永远都不会忘了您的恩情。所以，我说我把人心买回来了。”孟尝君听后，虽然没有当面责怪冯谖，心里却不太满意他自作主张的行为。

后来，孟尝君遭小人诬陷，被免去相国的职务，他不得不回到自己从前的封地薛地。薛地的百姓们听说孟尝君回来了，全城出动欢迎他。孟尝君非常惊讶，也非常感动，此时他才明白冯谖焚烧债券的一片苦心。

冯谖刚到孟尝君门下做食客时，孟尝君曾问他有什么才能，冯谖说:“我没有什么才能，我什么都不会。”孟尝君听后，仍然笑着让他留下，没有将他驱赶出去。后来冯谖多次提要求，孟尝君都满足了他。冯谖被孟尝君的诚心感动，希望能够有机会报答他。孟尝君被罢免后，门下的食客纷纷离他而去，只有冯谖一直留在他身边，尽心尽力，为他出谋划策。

在孟尝君声名显赫的时候，冯谖能够高瞻远瞩，为孟尝君收服人心；在孟尝君遭到不幸时，冯谖也始终追随着他，一直辅佐他，直到他官复原职。冯谖的义气值得称颂！

# 云敞葬师

云敞之师，人皆背之，自劾[1]弟子，竟收其尸。

【原文】

汉云敞，字幼儒，平陵人，师事同郡吴章。章当世名儒，弟子千余人。以不附王莽被诛，其弟子皆禁锢[2]，不得仕宦。门人尽更名他师。敞时为大司徒掾[3]，自劾为吴章弟子，收章尸归葬。京师称其义，官至中郎谏大夫。

【注释】

①劾：hé，检举揭发。
②禁锢：禁止异己做官或不许他们参加政治活动。
③掾：yuàn，佐助，副官佐或官署属员的通称。

【解析】

汉朝有一个名叫云敞的人，他为人诚实磊落，非常讲义气。

云敞曾经拜同乡人吴章做老师。吴章是当时有名的读书人，门下有一千多名学生，非常有名望。云敞非常仰慕吴章的学识和人品。吴章教授云敞学问，为他解答了很多困惑，师生二人关系非常密切。

后来王莽叛乱，吴章因为不愿依附王莽被处死。吴章的弟子也都受到牵连，永远不能做官。

吴章的其他学生害怕被牵连，纷纷改投他人门下，拜他人为师，绝口不提自己是吴章的弟子。这时候，身为大司徒属官的云敞，主动站出来说自己是吴章的弟子，并且亲自去收殓了吴章的尸首，带回去安葬。

云敞的朋友担心他的安危，忍不住问道："你的老师有那么多学生，他们都不敢为自己的老师收尸，就是害怕被牵连，你怎么这么大胆，你不害怕被牵连吗？"云敞回答道："我只知道吴章是我的老师，他从来没有做错什么事。老师待我如同自己的孩子一样，教我读书，为我解答困惑，现在他被杀害，我如果连为他收尸都做不到，实在是不配为人。所以，即使被牵连，我也一定要好好安葬他。"当时都城中的人，都非常敬佩他，称赞他是一个有义气的人。

吴章不愿与奸人同流合污，被残忍地杀害。他弟子虽多，可是大多数人害怕被牵连，很快便转投到他人门下。只有云敞顾念师生情谊，不惧危险，大义凛然，冒着生命危险为老师收尸，并妥善地安葬。这份义气，令人敬佩。

# 巨伯请代

汉荀[1]巨伯，省友临危，行义代死，胡贼班师。

【原文】

汉荀巨伯，远省友疾，值寇攻郡。友曰："吾今死矣，子可去。"巨伯曰："远来相视，子令吾去。败义以求生，岂巨伯所行耶？"贼至，巨伯请以身代友命。贼相谓曰："我辈无义之人，岂可掠有义之邑。"遂退去，一郡获全。

【注释】

①荀：xún。

【解析】

东汉有一位荀巨伯，他重情重义，对待朋友真诚有礼，名声非常好。

有一次，他到很远的地方去看望生病的朋友，刚好赶上一伙匈奴人侵扰朋友所在的县城。

荀巨伯的朋友担心他受到伤害，便对荀巨伯说："我生了病，走不动路，只能躺在这里等死了。你远道而来看望我，赶上这么不幸的事，实在是让我很愧疚啊！趁现在那群匈奴人还没来，你赶紧逃命去吧！"荀巨伯说："我远道而来看望你，就是因为担心你的安危。现在你有危险，却让我离开。为了保全自己的性命，便抛下朋友，这种不讲道义的事情，我怎么做得出来呢？"于是，荀巨伯便一直守着自己生病的朋友。直到匈奴人闯进家中，荀巨伯仍旧面不改色地照顾朋友，片刻都没有离开过。

荀巨伯对匈奴人说："我的朋友生了重病，身体虚弱，无法离开，我愿意用自己的性命来换取他的性命，希望你们能够放了他。"匈奴人被他对朋友的情义打动，不禁感慨道："你真是一个讲义气的人！像我们这样没有义气的人，怎么能抢掠你们这些忠义之士的家乡呢？"说完，他们纷纷离开，不再侵扰县城了。整个县城因此得以保全。

# 廉范狱卒

功曹廉范，侍奉邓融。变为狱卒，养病送终。

【原文】

汉廉范受业于薛汉，为邓融功曹。融为州所举案，范知事谴难解，托病去，融恨之。范至洛阳，变姓名，为狱卒。融下狱，范侍左右，尽心勤劳。融怪其貌类范，曰："卿何似我故功曹耶？"范呵之曰："君瞀乱[①]耶！"融系出困病[②]，范随养之。及死，竟不言。身自送丧，致南阳，葬毕，乃去。

【注释】

①瞀乱：紊乱，纷乱。瞀，mào，目眩，眼花。

②系出困病：因受困于病而出来了。

【解析】

东汉有一个名叫廉范的人，非常讲义气。他曾经在邓融手下做官，为官公正清廉，很受邓融赏识。后来邓融被人告发，被抓入狱，他身边的许多人都害怕自己被牵连，很快就离开了他。

廉范私下查了这件案子，发现案情复杂，一时之间没有办法为邓融申冤，于是便找借口离开了。邓融听说廉范离开后，非常伤心，也很怨恨他，以为他是一个无情无义的小人。

可是，廉范并不是因为害怕被牵连才离开邓融。他离开后，走近路先到了关押邓融的洛阳城监狱，然后改换了自己的姓名，去牢狱中做了一个小狱卒。等到邓融下狱后，廉范便在牢中尽心尽力地照顾他、服侍他。

邓融看到狱卒的样子，心中觉得奇怪。有一次，他忍不住问道："你的相貌，怎么这么像我曾经的部下廉范？"廉范听了，斥责他说："不要胡说，您这是因为困倦看花眼了！"邓融想了想，也不相信廉范会到牢狱里当狱卒，后来便没有再提起这件事情。

邓融在牢里被关了很多年，廉范一直默默地陪伴在他身边。后来，邓融因病被释放，廉范也一直跟着他，一直服侍左右。直到邓融去世，廉范都没有告诉他自己的真实身份。后来，廉范将邓融的灵柩护送回家乡安葬后才离开。

廉范感激邓融对他的赏识，一直默默地帮助着邓融，即使被邓融误解为无情无义的小人，也没有去做过多的解释，还是一直在他身边尽心尽力地照顾他，直到邓融去世，将邓融安葬好才离去。更可贵的是，廉范从始至终丝毫没有炫耀自己的行为。廉范的义气，真是古今罕见。

# 王修哭谭

王修高义，痛哭袁谭。若得收葬，全戮亦甘。

【原文】

汉王修为袁谭别驾，劝谭兄弟相睦，谭不从。及曹操杀谭，号其首于北门，令曰："有敢哭者灭三族。"修布冠衰服①，哭于头下。左右拥修至，操曰："汝不顾三族耶？"修曰："生受恩命，死而不哭，非义士。吾受袁氏厚恩，若得收尸殡葬，虽全家受戮，亦无恨矣。"操叹其义而礼之。

【注释】

①衰服：丧服。

【解析】

东汉末年有一个名叫王修的人，曾在袁绍的长子袁谭手下做事。他为人正直公正，做事赏罚分明，袁谭非常欣赏他。

袁绍去世后，袁谭没能顺利继位，他因此心怀不满，与弟弟袁尚发生了矛盾。王修劝导袁谭说，兄弟之间要和睦相处，以免祸患。可是袁谭并没有听取他的意见，仍旧信任曹操，与曹操联合起来攻打袁尚。建安十年，曹操与袁谭反目，两军交战，袁谭大败，被曹操的部下所杀。袁谭死后，曹操将他的头颅挂在城门上示众，并且下了一道命令：有谁敢来为袁谭哭泣收尸，便灭他三族。

命令一下达，无人敢为袁谭收尸。那些从前认识袁谭的人，害怕自己被连累，都躲得远远的。只有王修不顾危险，头戴布帽，身着麻衣，到城门边为袁谭哭泣。

曹操手下的兵将们看到后，便把王修抓了起来，送到曹操面前。曹操没想到有人会这么大胆，问王修："你为袁谭哭泣，就不怕连累三族吗？"王修面不改色地说道："袁谭活着的时候有恩于我，现在他死了，我如果不为他哭泣，不为他收尸，那我实在是太没有义气了！我受过袁谭的厚恩，如果能够收了他的尸首去安葬，即使连累亲族，也没有什么可遗憾的。"

曹操听后，非常敬佩他的义气，不仅没有杀他，还恭敬有礼地对待他。

王修年轻时曾到南阳游学，游学期间借宿在张奉家里。张奉全家人都生了重病，因为担心被传染，没有人愿意去看望他们。王修一直尽心尽力地照料他们，直到他们病好以后才离开。

王修与孔融也是关系密切的朋友。有一次，孔融在北海时，北海发生叛乱。王修听说以后，便连夜赶往北海察看情况，看望自己的好友孔融。孔融对身边的人说："愿意冒着危险前来看我的，只有王修一个人啊！"他的话音刚落，王修便赶到了。

# 祖逖①避难

祖逖避乱，亲党共之，车载老疾，躬自奔驰。

【原文】

晋祖逖，性豁荡，轻财好侠。每至田舍，辄称兄意，散谷帛以赒②贫乏。京师乱，逖率亲党数百家，避难淮泗。以车马载老疾，躬自徒步。药物衣粮，与众共之。元帝用为刺史，以社稷倾覆，常怀振复之心，卒尽复晋土。

【注释】

①逖：tì。

②赒：zhōu，接济；救济。

【解析】

东晋著名的军事家祖逖，天性豁达，不拘小节。祖逖少年时就重义轻财，喜欢行侠仗义，帮助他人。每次到种田的人家去，祖逖总是假称哥哥的意思把绸布和谷米分给穷苦的人，在乡邻间非常有声望。

京师发生动乱以后，祖逖带领自己的同乡们一起南下避难。一路上，祖逖将所有的车辆马匹都让给那些年老、生病的人，并想尽办法帮助那些需要帮助的人，自己却一直走路前行。他乐于分享，毫不吝啬，随身带着的药品、衣物与粮食，都会与众人分享。人们提到祖逖，都称赞不已。

后来，祖逖在朝中做官，一心希望能够振兴国家，让百姓们过上安居乐业的生活。在祖逖的带领下，黄河以南的大片领土得以收复。

祖逖的义举不胜枚举。他曾经勉励百姓从事农业种植，并提供自己能够提供的一切帮助。他也曾将无人收殓的枯骨收好并安葬，使无名的死者能在死后入土为安。祖逖所到之处，百姓们总是感激无限，称他是为民办事的父母官；祖逖去世后，百姓们悲痛万分。他如此得民心，都是因为平时的仁义之举啊！

# 孙赵培城

孙妻赵氏，城陷为忧，相率妇女，同保岐州。

【原文】

西魏孙道温之妻赵氏，安平县人也。万俟[1]丑奴反，围岐州，久之，援不至。赵氏谓城中妇女曰："今州城将陷，凡我妇女，义当同忧。"闻者感其言，遂相率[2]负土，昼夜培城，城赖以完。大统六年，赠道温岐州刺史，赠赵氏安平县君。

【注释】

①万俟：mò qí，姓氏，源于鲜卑族。
②相率：相继；一个接一个。

【解析】

南北朝时期，北朝西魏有一个名叫孙道温的人，他的妻子赵氏是一个不输男儿的英勇女子。孙道温在岐州做官，在任期间遇上少数民族首领万俟丑奴造反。岐州城被围，敌军人多势众，而岐州城内的守卫官兵数量远远少于敌军。

救兵很久都没有到，就在岐州城危在旦夕之时，孙道温的妻子赵氏，不想坐以待毙，希望自己也能出一份力。于是，赵氏号召岐州城中的妇女们聚集起来，并对她们说："岐州城现在已经到了最危急的时候，从道义上讲，岐州城中的女人们应该和男人们一起承担忧患，我们也应该用自己的力量来保卫岐州城。"岐州城中的妇女们听了，都非常受鼓舞，也非常赞同。于是大家争先恐后地挑泥土，日夜不停地修复城墙。妇女们虽然不如男子有力，但也在保卫岐州城的战争中发挥了巨大的作用。在大家的共同努力下，岐州城得以保全，无辜的百姓因此保住了性命。

寻常女子所忧虑的大多是家长里短的小事，赵氏却能够忧虑一座城的存亡。她号召妇女们一起承担责任，尽自己的一份力量，她的眼界与胸怀都不同寻常。身为女子，能够在危机时刻做出这样勇敢有决断的事，都是因为赵氏有一颗为国为民的忠义之心。

# 公义变俗

慈母公义，欲变岷俗，舆病置厅，拊摩[1]情笃。

【原文】

隋辛公义，除岷州刺史。岷俗一人病疫，合家避之，孝义道绝，病者多死。公义欲变其俗，命凡有疾者，悉舆[2]置厅事，迎医疗之。俟[3]愈，召其家人亲族，谕之曰："设若相染，吾殆矣。"众感泣，此风遂革。合境呼为慈母。

【注释】

①拊摩：抚摸。

②舆：yú，用轿子运载。

③俟：等到。

【解析】

隋朝有一个名叫辛公义的人，在岷州做刺史官。他为人正直，重情重义，为官清廉公正，在岷州一带广受好评。

岷州当地有一个风俗，每当一户人家家中有人生了疫病，为了防止其他人被传染，他们便把病人抬出去，避开他不再接近。有些人将父母抬出去，有些人则把兄弟姐妹、妻子儿女抬出去。为了不被传染，完全不顾骨肉亲情，非常残忍。生病的人原本身体就弱，被送到没有人的地方，无人照料，只能在原地等死。

辛公义在任期间，非常不满这个陋俗，下决心要彻底整治一番，改变这个丧失人性的风俗。

很快，辛公义便下达了一道命令：凡是家中有人生了疫病，都请那家人用轿子把生病的人抬到衙门大厅，如果擅自将生病的人抬到无人经过的地方，重罚。

命令一下达，许多人把家中生了疫病的亲属送到了衙门大厅。一时之间，大厅里人满为患。辛公义早已准备好了药材，还请来专业的大夫为病人诊治。

等这些人的病好了，辛公义便将他们的家人和亲族友邻叫来，对他们说："现在的情形你们也看到了，这些生病的人并没有病到无药可医的地步。我每天和他们在一起，如果疫病

正大光明

会传染，我还能好好地站在这里吗？生了病便去找大夫医治，就算是想尽办法，也要全力救治自己的家人啊！无论是父母妻儿，还是兄弟姐妹，都是我们最亲近的人，对这些人都无情无义，又怎么能算是人呢？”病人的家属们听了，既愧疚又感动，许多人放声大哭起来。

从此以后，岷州地区的这个陋俗便彻底被革除了。当地人一直记着辛公义的恩德，将他视为岷州百姓的大恩人。

疫病很可怕，可是不顾恩情信义、不顾伦理道德，抛弃自己最亲近的亲人，难道不是更可怕的事吗？一个人的心中如果没有情义，那是比死更悲哀的事。辛公义不希望岷州地区的百姓变成不顾亲情、自私自利的人，所以才决定改变这一陋俗。

# 李杨保城

李妻杨氏，昭著义声，责夫死守，竟保项城。

【原文】

唐李侃妻杨氏，知大义。侃为项城令，李希烈攻之，侃以兵少财乏欲逃，杨曰：“县不守，则地，贼地也，府库仓廪皆其积，百姓皆其战士。请重赏募死士，尚可济。”侃乃谓吏民曰：“令虽主也，岁满则去。吏民生斯土也，坟墓在焉，宜相死守。”众泣诺，乃徇曰：“以瓦石击贼者赏千钱，以刀矢杀贼者赏万钱。”得数百人，竟保城退贼。

【解析】

唐朝有一个名叫李侃的人，在项城做县官，他的妻子杨氏，深明大义。

有一年，反贼李希烈带兵攻打项城，项城士兵数量较少，双方兵力悬殊，形势十分危急。李侃觉得项城兵力不足，钱财、粮草更是缺乏，无论哪方面，都不能与李希烈的军队抗衡，便想弃城逃走。杨氏对他说："假如你现在弃城逃走，那么项城便是反贼的地盘了。城中的府库、谷仓，便都是反贼的财产了。城中的百姓们，便都是他们的战士了。你身为项城县官，外敌入侵时，不想着誓死守卫，保护城中的男女老少，却想着自己离开，实在是没有义气的做法。现在最紧要的是重金招募能够出城作战的人，或许还有挽救的余地。"李侃听了妻子的话，非常惭愧，决定尽力守卫项城。

李侃对部下和百姓说："我虽然是项城县官，但任期一满便可以离开。而你们都是祖祖辈辈生活在这里的人，祖先的坟墓也在这里，希望大家团结一致，一起拼死守卫家乡！"百姓们听完，都流着眼泪答应了。李侃下令："用瓦石击中敌人的，赏赐一千钱；用刀箭杀死敌人的，赏赐一万钱。"很快，一些英勇的战士便自告奋勇地加入了守卫城池的队伍，大家众志成城，击退外敌，保住了项城。

遇到外贼入侵，身为城中的官员，原本就应当守卫到最后一刻，无论如何都不该抛下百姓独自逃命。李侃一时糊涂，想要独自逃命，幸亏他的妻子及时制止了他。杨氏能够临危不乱，真是令人敬佩。

# 章练全城

章练夫人，誓不独生，建封义之，免屠全城。

【原文】

南唐大将王建封，初为闽帅章仔钧部将，后期[①]当斩。章妻练夫人悯焉，给以资，令去。及南唐攻建州，将屠城。建封解甲[②]徒步，往见练氏，谋保全其家属亲戚。练曰："建民无罪，愿将军释之。若将军不释建民，妾愿先百姓死，誓不独生也。"建封义之，全城获免。

【注释】

①后期：迟误期限。

②解甲：脱下作战时穿的铠甲。

【解析】

南唐有一个名叫王建封的将领，最初在闵国(五代十国时期存在于南方的一个割据政权)元帅章仔钧的部下做将官。有一次，王建封在执行一个重要的军令时延误了日期，按军法应当斩首。军令如山，没有人敢为他求情。章仔钧的妻子练夫人平日里非常欣赏他，觉得他是一位很有才干的年轻人，不忍心看他被处斩，便悄悄地给了他路费，让他离开闵国逃命去了。

后来，王建封做了南唐的统兵将领，带兵攻打练夫人所在的建州一带。城池攻破后，南唐的军队准备杀尽城中百姓。王建封顾念练夫人的救命之恩，便脱下战服，亲自去见练夫人，想设法保全练夫人全家老小的性命，以此来报答她当初的恩情。

等王建封见到练夫人时，练夫人端庄坐立，面不改色。王建封表达了自己想要报恩的想法，练夫人对他说:“我当初救你的性命，是觉得你这样有才干的人，不应该落得如此下场，并没有希求你能报答我。现在你成了南唐将军，统领军队作战，战场上的事我不敢妄言，可是两军交战，最无辜的就是城中的百姓。建州城中的百姓们是无罪的，他们不该成为牺牲品。我恳请将军能够饶恕城中无辜的百姓们，不要大肆屠杀!

倘若将军不肯饶恕建州全城百姓的性命，那么我宁愿先死在百姓前面。无论如何，我是不愿意抛下这些无辜的百姓独自活命的。”王建封听后，非常敬佩练夫人的义气，于是便郑重地向她保证，绝不伤害建州城中的百姓。

练夫人珍惜王建封的才华，冒死救他一命，但并没有希望王建封能够报答她。等到王建封真的来报恩时，她又将个人的利益放在一边，慷慨地陈述自己不愿抛弃百姓独自活命的决心。她的义气与勇气感动了王建封，建州城的百姓也因此保住了性命。

# 苏轼还屋

苏轼夜行，闻妪悲声。焚券还屋，义重缗轻。

【原文】

宋苏轼，字子瞻，自号东坡居士。尝居阳羡，以五百缗[1]买一宅。将入居，偶夜行，闻老妇人哭极哀。公问妪何为哀伤如是，妪言旧居相传百年，一旦诀别，所以泣也。问其旧居所在，即己五百缗所买之屋也。乃取券焚之，不索其值而还其屋。遂归毗陵，不复买地。

【注释】

①缗：古代钱币的计量单位，一般每缗一千文。

【解析】

北宋大诗人苏轼，乐观旷达，和善仁厚。他从海南岛回北方时，曾打算在阳羡定居，花了五百缗钱在当地买了一座房子。简单布置后，苏轼打算马上搬进去。

可是，有一天夜里，苏轼从朋友家出来后，听到一个老婆婆在街边哭泣，哭声听起来非常哀伤。苏轼便走过去询问道："老人家，夜深了您怎么还不回家呢？什么事情让您这么难过？"老婆婆一边哭一边说道："我很快就没有家了，还能回哪里去呢？我的后辈们不争气，竟然卖掉了祖上传下来的房子。我只要一想到要离开祖屋，便忍不住伤心啊！"苏东坡接着问老婆婆的房子在什么地方，看自己能否帮得上忙。结果一问才知道，自己花五百缗钱买的那座房子就是老婆婆的祖宅。他想了想，对老婆婆说："房子我可以另买，这座房子对您这么重要，我住进去也不会安心。"说着便拿出房契，当着老婆婆的面烧掉了。苏东坡不仅将房子还给了老婆婆，还没有向她讨要房钱。经过这件事后，苏东坡便回到了常州，没有再在阳羡买房子。

苏东坡已经买下了房子，却因为不忍心看老婆婆哀伤痛哭，便毅然决然地烧掉了房契，将祖屋归还给老人家。他真是一个心地仁厚，有情有义的人。

# 蔡伸发廪

蔡伸义赈，辟宇发仓。守者不可，得咎独当。

【原文】

宋蔡伸，字申道，政和进士，历太学博士，迁通判真、饶、徐、楚四州。在真州日，火延烧千余家，州民露处雪中，老幼号呼盈道。伸辟寺宇官廨①分处之，且发常平廪②以赈给。守者不可，伸曰："此国家所以备非常也，如得咎③，请独当之。"事闻，朝廷释不问。改知滁、和等州。

【注释】

①官廨：官署，官吏办公的房舍。廨，xiè。

②常平廪：即常平仓，古代为调节米价而设置的一种仓廪。

③得咎：获罪，招致灾祸。

【解析】

宋朝有一个名叫蔡伸的人，曾在朝中做太学博士，后来升任真州、饶州、徐州、楚州四地的通判官。

有一年冬天，真州地区发生了严重的火灾，大火烧毁了一千多户人家的房子。真州地区的百姓们没有地方可以居住，只能在雪地里露宿，道路两旁到处都是被冻伤、冻死的百姓，真州城中到处都是悲惨的哭声。

蔡伸命令寺院、衙门收留难民，并且发放了常平仓的谷粮来赈济灾民。常平仓的管理人员觉得没有皇帝的命令，不能开仓放粮。蔡伸说："常平仓中的粮食本来就是在国家有重大事故发生的时候使用的，现在真州城灾情严重，百姓们再没有粮食吃，就要被活活饿死了。现在就是开仓放粮的时候！如果朝廷怪罪下来，就让我一个人承担罪责吧。"

后来这件事传到皇帝耳朵里，皇帝并没有惩罚他，只是将他调任到滁州、河州一带。

一个地方如果有一位忠义仁慈的官员，那里的百姓就会受到恩泽。像蔡伸这样的官员，心中时刻惦记着百姓，做任何事情时，都先考虑百姓的利益。有这样的官员，实在是百姓们的福气啊！

# 留台拾金

留台贫困，浴室拾金。见得思义，不肯欺心。

【原文】

宋刘留台家贫，在浴堂中拾一金袋，托疾不去。翌晨，有商人号泣寻至，刘悉付还，不受酬。人责之，答曰："掩[①]他人物以为己有，是欺心矣。况商人辛勤所积，失之必痛。苟或不得，必死于非命矣。"人皆服其义。后一举登第，官至留守。五十年间，子孙在仕途者，二十三人。

【注释】

①掩：夺取。

【解析】

宋朝有一个名叫刘留台的人，家中非常贫穷。有一次，他在浴堂中捡到一个沉甸甸的钱袋，钱袋中装了许多金叶子。刘留台一时不知道怎样寻找失主，便托说自己生了病没有离开。

第二天早晨天刚刚亮的时候，有个商人哭着寻来了。

刘留台看到后，便问他："你是不是丢了一个钱袋？"商人连连点头说："是啊是啊！我走得太着急了，走到半路才发现钱袋没了。那可是我所有的积蓄啊！如果找不到该怎么办哪！"刘留台便将自己捡到的钱袋还给了商人。

商人一看，刘留台捡到的果然是自己遗失的钱袋，里面的金叶子一点都没少。商人不停地感谢刘留台，还想拿出一部分金叶子酬谢他，刘留台笑着拒绝了。

有人很疑惑，问刘留台："你捡到那么多金子，完全可以自己带回去啊！就算你没有私自留下金叶子，也可以接受失主的酬谢，你怎么什么都不要呢？"刘留台回答道："捡到的钱袋，是属于别人的财物。将别人的东西当成是自己的，这不是在欺骗自己的良心吗？况且商人丢了自己辛苦积攒的金子，必然心痛无比。如果找不到，有可能还要寻短见。我怎么忍心将它们据为己有呢？"

刘留台虽然贫困，但他心中一直有所坚守。那些收下不义之财的人，面对刘留台时，真应该感到羞愧啊！

# 文之不屈

文之抗敌，孤守兼旬。乏援被虏，义不屈身。

【原文】

宋张文之通判濠州。金兵至，守孔福谋夜逸，文之曰:“果尔轻动，奈城何?”因提兵，与敌持十余日，经二十余战，卒以无援被虏。执送燕山，欲授以官，义不屈。将囚之土窟，曰:“吾世受宋恩，岂忍负国?”虏重之，稍宽桎梏。后王忭申和议，见状还奏，上为叹惜，给其家，官其子。

【解析】

宋朝有一个名叫张文之的人，在濠州地方做通判官。张文之为人忠义正直，在任期间尽职尽责，深受濠州百姓拥戴。

金兵攻打到濠州一带时，濠州太守孔福想趁着夜深人静弃城逃走。张文之听说后，愤怒地说：“你如此轻举妄动，置全城百姓的安危于何地？”他亲自带兵与敌人交战，在力量悬殊的情形下，与金兵相持了十多天，先后作战二十多次。士兵们拼尽了最后一分力气，却还是没有等来救兵。濠州城被攻破后，张文之也被金兵抓走了。

金兵把他押送到燕山，想授予他官职，张文之不肯接受。金兵没有办法，便将他关在了地穴里。地穴阴冷潮湿，环境极其恶劣，可是张文之始终不肯投降。他大义凛然地说：“我家世世代代蒙受大宋朝廷的恩典，我怎么忍心背叛我的国家呢？”金人敬重他的忠义，便把捆绑他的手铐脚镣稍微放松了一些。

后来宋朝使者王忭到金国议和时听说了张文之的事，回来后上奏给皇帝。皇帝听了，非常感动，也非常惋惜，重赏了张文之的家人。

作为朝廷官员，理应守卫国家的领土。敌人进攻时，为了保命便偷偷逃跑，置全城百姓的安危于不顾，实在是非常没有义气的做法。张文之明知两军实力悬殊，仍然守卫百姓到最后一刻，即使被俘，也坚守气节，他的忠义把金人都打动了。

# 刘濠焚宅

宋有刘濠，翰林掌书，欲燬[1]党籍，自焚其庐[2]。

【原文】

宋刘濠，为翰林掌书。宋亡，邑子林融倡义旅，事败，元遣使簿录其党，多连染。使道宿濠家，濠醉使者而焚其庐，籍悉燬。使者计无所出，乃为更其籍，连染者皆免。曾孙基，佐明太祖灭元，封诚意伯。人谓祖德所致。

【注释】

①燬：同“毁”。

②庐：房屋。

【解析】

南宋有一个名叫刘濠的人，他慷慨重义，非常有侠气。刘濠曾经做过翰林掌书，南宋灭亡后，他便回乡隐居了。

刘濠的同乡林融组织了一支起义军，想要推翻元朝的统治，最终还是失败了。起义失败后，官府派人捉拿和林融一起参加起义军的同党，并把他们的名字记录在一个簿子上，许多人受到牵连。

官兵们带着记载起义军名字的簿子，准备去林融的家乡武阳捉拿他们 . 途中经过刘濠家时，已经是深夜，官兵们便准备在刘濠家借宿一晚。

刘濠知道，官兵随身携带的姓名簿上有很多无辜被牵连的人。他想帮助他们免于祸患。

刘濠苦思冥想，终于想出一个计策。他热情招待官兵们吃饭，席间，不断招呼官兵们喝酒，直到他们个个喝得大醉。等官兵们不省人事时，刘濠便在家中放了一把火，火越烧越大，火势非常凶猛，官兵们急着逃命，慌乱之中谁都没有去拿那本姓名簿，于是，姓名簿便被大火烧得一干二净。没有了姓名簿，官兵们也没有办法继续抓人了，那些受牵连的人因此保住了性命。

南宋灭亡后，民间涌现了很多起义军，他们虽然英勇，可是都失败了。起义失败后，很多无辜的人被牵连。刘濠为了保全无辜的同乡，不惜烧毁自己的房子，他的义行让他在当地享有盛名。

刘家的子孙们也以自己的先祖为榜样，刘家世世代代都不乏才华与德行兼具的人。明朝初年辅佐朱元璋的开国功臣刘伯温便是刘濠的曾孙。

# 敬益归田

元魏敬益，好义怜贫。买田十顷[1]，复归庄民。

【原文】

元魏敬益，好义博施。有田十六顷。一日，语其子曰："吾买四庄村之田十顷。环村之民，不能自给，吾深悯焉。今将以田归其人，汝等谨守[2]余田，可无馁也。"乃呼四庄民谕之曰："吾买若等田，使若贫不聊生，吾不仁甚矣。请以田仍归若等。"众皆愕眙[3]不敢受，强与之，乃受。

【注释】

①顷：田地面积的单位，一顷等于一百亩。

②谨守：谨慎守护；敬慎守持。

③愕眙：瞪着眼睛，很惊讶的样子。

【解析】

元朝有一个名叫魏敬益的人，他乐善好施，很喜欢帮助穷苦的人。魏敬益家有一千六百多亩良田，家中的粮食堆满了谷仓。

有一天，魏敬益对儿子说：“我们的田地里有一千亩是从四庄村的村民手里买来的，我买地的时候并没有多想，现在才知道四庄村的村民因为可以耕种的田地变少，生活无法自给，老老少少食不果腹，实在是可怜，这是我当时思虑不周啊！我不忍心看到他们如此窘迫，现在打算把那些田地还给他们。我想，只要你们谨慎地守护剩下的那些地，勤勤恳恳，全家老小的生活应该没有什么问题。”他的儿子听后，便把四庄村的村民叫来了。

魏敬益对村民们说：“我买了你们的地，让你们挨饿受冻，不能正常生活，我真是太不仁义了。现在我想把这些地还给你们，希望你们能够过上衣食不缺的日子。”众人听了非常惊讶，不敢接受。魏敬益坚持要还给他们，村民们才接受。

许多人过上富裕的生活后，便不再管他人是否会饿肚子。魏敬益乐善好施，自己过上丰衣足食的生活后，还牵挂着那些穷苦的百姓们，知道他们因为缺少土地而生活艰难，便无偿地把自己之前买来的土地全部还给他们。他真是仁厚又有情义啊！

# 廉

# 子罕却玉

子罕守廉，却玉有道。使富而归，不贪为宝。

【原文】

周宋乐喜，即司城子罕也。宋人或得玉以献，弗受。献者曰："以示玉人，玉人以为宝也，故敢献之。"子罕曰："我以不贪为宝，尔以玉为宝。若以与我，皆丧宝也。"献者稽首曰："小人怀璧，不可以越乡。纳此以请死也。"子罕置诸①其里，使玉人为之攻②之。富，而后使复其所。

【注释】

①诸：代词，相当于"之"。

②攻：治理，加工。

【解析】

春秋时，宋国有一个非常贤明的官员名叫子罕。子罕为官清廉，为人忠义，在宋国很受爱戴。

有一次，有一个人得了一块宝玉，拿去献给子罕。子罕不肯接受，送玉的人便说："我已经找做玉器的师傅看过了，这确实是一块好玉。这样的宝物我不敢独自享用，所以才贡献给您的。"子罕听后说："我将清廉视为宝物，你将宝玉视为宝物。我如果贪心收下你这块玉，那我们俩便都失去了自己的宝物啊！"献玉的人听后，非常敬佩子罕，可他还是坚持说："您的清廉让我非常惭愧，也让我非常佩服。可是，我一个寻常老百姓，留着这么贵重的宝物，走到哪里都不安全。我把玉献给您，也是为自己的安全考虑啊！"子罕听后，便把献玉者安置在自己的住处，并找来做玉器的师傅将那块美玉雕琢完毕，卖了一个好价钱，把钱都给了献玉的人。献玉的人拿到钱后，子罕才让他回家去。

大象因为有名贵的牙齿而面临被杀害的灾祸，麝也因为有麝香而时时面临死亡的威胁。匹夫无罪，怀璧其罪。献玉人因为随身携带着贵重的宝物，担心自己面临危险，便将宝玉献给位高权重的子罕。可是子罕既没有丧失自己廉洁公正、不贪取不义之财的原则，又设法保护了献玉者，让他免遭祸患。子罕真是清廉又仁爱啊！

# 终妻灌园

子终之妻，劝其夫子，拒聘偕逃，安贫不仕。

【原文】

周楚王闻於陵[1]子终贤，使持金百镒，聘以为相。其妻曰："夫子织屦[2]以为食，左琴右书，乐亦在其中矣。夫结驷连骑，所安不过容膝；食前方丈[3]，所甘不过一肉。今以容膝之安、一肉之味，而殉楚国之忧，可乎？"子终谢使者而不往。遂偕逃，为人灌园。

【注释】

①於陵：在今山东省周村及邹平东南。

②屦：jù，用麻、葛等制成的一种鞋。

③食前方丈：吃饭时面前一丈见方的地方摆满了食物，形容吃得阔气。

【解析】

战国时，楚国於陵有一位学识渊博、德行高尚的人名叫陈仲子，字子终。他与妻子过着简朴的生活。楚国的君主听说陈仲子贤明多才，便派遣使者带着二千两黄金去聘请他做楚国的相国。

陈仲子接到聘请诏书后，非常犹豫，一天到晚唉声叹气。他的妻子便劝他说："我们现在的生活虽然不富裕，但除了干活，我们还有很多空闲时间，你可以弹琴，也可以尽情读书，我们过得很快乐。楚王聘请你入朝为官，虽然他许诺给你车马良田，可我们真正需要的东西又有多少呢？睡觉时只要有一张小床就足够了；吃饭时只要有几个清淡的小菜也足够了；衣服干净整洁就好，何必穿得那么华美呢？为了华丽的房子、美味的食物而去做官，整天为国家大事忧愁，怎么可能生活得快乐呢？"陈仲子听后，恍然大悟道："我对现在清贫安乐的生活感到非常满足，我不愿意为了富贵去做官。"于是，陈仲子辞谢了楚王的聘请，与妻子一起去给人家灌园去了。

不去做官并不代表一个人明达世情，入朝为官也并不意味着一个人将富贵作为最高目标。无论是选择做官还是不做官，关键在于不因贫贱而忧虑悲伤，也不因富贵而更改自己的志向。时时刻刻保持理智，时时刻刻谨记为人的准则，那么无论是做官还是不做官，都会有很好的名声。

# 陶妻泣富

陶妻家富，预泣其夫，被逐夫死，复归养姑[1]。

【原文】

周陶答子，治陶三年，名誉不兴，家富三倍。其妻数谏，不从。居五年，从车百乘，归休[2]。宗人击牛而贺之，其妻独抱儿泣。姑怒其不祥，妇曰："夫子治陶，家富国贫，上下弃之，败亡见矣，愿与少子俱脱。"姑怒，逐之。处期年[3]，答子有罪诛。母以老得免，无所依，妇乃归养焉。

【注释】

①姑：丈夫的母亲。

②归休：休官回家。

③期年：一周年。

【解析】

战国时，有一个名叫陶答子的人，在陶地做官。陶答子做官期间，不仅没有尽心尽力为百姓办事，反而想尽办法结交权贵，整日里与权贵们饮酒作乐。许多想要拜托陶答子办事的人送了各种名贵礼物给他。为官三年之后，陶答子家中财富剧增，陶家的名声非常不好。百姓们畏惧陶答子的权势，敢怒不敢言。陶答子的妻子是一位正直善良的妇人，她屡次劝告陶答子要廉洁公正，可是，陶答子从来不听。

陶答子在任五年，生活过得非常奢侈。他穿的是绫罗绸缎，吃的是山珍海味，每次出行，跟随他的车子多达一百辆。等陶答子卸任回乡的时候，宗族里的人都想与他结交，为他办了隆重的宴席迎接他。

可是，就在人们欢天喜地迎接陶答子时，陶答子的妻子却抱着儿子大哭起来。陶答子的母亲生气地说："你的丈夫现在这么威风，你怎么反而哭起来，真是太不吉利了！"陶答子的妻子回答道："我的丈夫在陶地做官时，每天与权贵们饮酒作乐，家中财富剧增。可是，官员富有了，国家却并没有变得更加富有，百姓们还是过着穷苦的生活。这样只顾自己享乐，不顾国家、不顾百姓的官员，是要被朝廷、被百姓唾弃的啊！虽然此时此刻，我的丈夫威风凛凛，可是我在这样的荣耀里，已经看见败亡的迹象了。我情愿与儿子一起离开这里，不愿再同他一起生活了！”陶答子的母亲听后，更加生气了，便把陶答子的妻子赶走了。

结果还没过一年，陶答子就因为收受贿赂，被处死了。

陶答子做官期间，不能坚守为官、为人的准则，只顾自己的利益，他的败亡完全是可以预见的！陶答子的妻子能够保持清醒，时时劝告陶答子要清廉正直，可惜陶答子并未听从。所有的官员，都应该谨记陶答子的教训，不要为了一己私利，就放弃做人的原则啊！

# 孟尝还珠

孟尝革弊[1]，合浦还珠，流通商贾，民困以苏。

【原文】

汉孟尝，为合浦太守。郡不产谷食，而海出珠宝。先是宰守多贪，诡人采求，不知纪极[2]。珠渐徙于交趾，由是行旅不至，贫者饿死于道。尝到官，革除前弊。未逾岁，去珠复还。百姓渐反其业，商贾[3]流通，称为神明。

【注释】

①革弊：革除弊害。

②纪极：终极；限度。

③商贾：商人。贾，gǔ。

【解析】

汉朝有一个名叫孟尝的人，在合浦地方做太守官。

合浦靠海，不产五谷，但附近的海中盛产珍珠，百姓们都靠开采海中的珍珠生活。从前的太守大多贪得无厌，要求百姓们到海中开采珍珠，不加节制，没有限度。结果，海里的蚌珠逐渐迁徙到附近的交趾海域去了。合浦一带的珍珠产量大大下降，原本到合浦来购买珍珠的商人也逐渐不来合浦了。郡内的贫苦百姓失去了经济来源，难以维持生计，很多人被活活饿死了。

孟尝到任后，合浦一带仍然非常贫穷，百姓流离失所，衣不蔽体，老老少少都非常瘦弱。孟尝了解当地的情况后，废除了从前官府制定的不合理规定，重新详细地制定了开采珍珠的计划，让百姓有节制、有选择地开采。另外，百姓们开采的珍珠，不需要再交给官府，更不需要送给太守官，全部归百姓自己所有。

不到一年，海里的蚌珠渐渐地回到了合浦海域。百姓们重新恢复了从前的职业，按照规矩开采珍珠，贩卖珍珠的商人也重新回到了合浦。大家纷纷称赞孟尝是一个清廉正直的官员。

如果全国各地的官员都想从百姓手里夺取利益，整个国家就会陷入危机之中。而一个清廉正直的好官则事事为百姓考虑，将百姓的利益放在首位。孟尝在合浦做太守期间，尽职尽责地为百姓办事，引导他们有计划、有节制地开采珍珠，所以百姓们能够“渐反其业”，将孟尝“称为神明”。

# 杨震四知

东汉杨震，公廉无私，王密夜赠，告以四知。

【原文】

汉杨震，为东莱太守。故所举茂才王密为昌邑令，夜怀金十斤以遗震。震曰："故人知君，君不知故人，何也？"密曰："暮夜无知者。"震曰："天知，地知，子知，我知。何谓无知？"密愧而出。震公廉，不受私谒[①]，子孙尝蔬食步行。

【注释】

①私谒：因私事而干谒请托。谒，yè。

【解析】

汉朝有一个名叫杨震的人，在东莱做太守官。

有一天夜里，杨震家突然有人来访。杨震一见才知道，原来是自己曾经举荐过的秀才王密，王密如今已在昌邑县做了县官。他对杨震说：“我这次来，就是为了报答您推举我的恩情！”说着，便拿出十斤黄金送给杨震。杨震推辞道：“你我已经是旧相识了，我推举你，是看重你的才华，希望你为朝廷做出贡献，并不是为了要你报答我。看来我了解你的才华，你却不了解我的为人呀！”王密坚持说道：“现在是深夜，您就算收下这些金子，也没有人会知道这件事的。”杨震有些生气了，严肃地说：“天知道，地知道，你知道，我知道，这已经是四知了，你怎么还能说没有人知道呢？”王密听后，惭愧地走了。

杨震一生清廉正直，幼年时便十分注重自己的德行。他做官期间，公正廉明，广受好评。他老了以后，也一直教导子孙要清清白白做人，不能因为利益便抛弃做人的原则。他的朋友劝他多置办些产业留给子孙，杨震反驳道：“我最希望留给子孙的，是清白做人的道理，让后世的人称赞他们是清白官吏的子孙。这难道不是最好的财富吗？”劝告他的人听了，非常敬佩他高尚的品行。杨震的子孙们也一直谨记他的教训，清白做人，不贪恋钱财，时刻注重自己的德行。

# 阎敞还钱

阎敞为掾，太守寄钱。年湮代远，如数归焉。

【原文】

汉阎敞，字子张，为郡五官掾[①]。太守第五常被征，以俸钱百三十万寄敞，敞埋置堂上。后常举家病死，惟孤孙方九岁独存。闻常曾说有钱三十万寄敞，及长，求之。敞见之，悲喜不胜，即取钱还之。孙曰："祖惟言三十万，无百三十万。"敞曰："府君病困模糊耳，郎君勿疑。"

【注释】

①掾：yuàn，佐助，副官佐或官署属员的通称。

【解析】

汉朝的阎敞是郡里的属官，协助太守第五常处理事务。后来，第五常被朝廷征召，到京城任职。临行前，第五常将自己多年积攒下来的薪俸，共一百三十万交给阎敞，请他帮忙代为保管。阎敞便把这笔钱收好，埋在了自家堂屋下。

很多年后，有一个年轻人到阎敞家拜访。阎敞询问过后，才知道他是故人第五常的孙子。原来，多年前，第五常全家其他人都病死了，只剩下这个小孙子。小孙子当年只有九岁，听祖父说起请阎敞代为保管薪俸的事情，长大后，便遵照祖父的遗命前来寻找阎敞。

阎敞得知这是故人的后人，又是悲伤，又是欢喜。欢喜的是故人的后人尚在，自己代为保管的钱财终于能够妥善归还了；悲伤的是与故人阴阳相隔，再也见不到了。

叙旧过后，阎敞将当年第五常交给他保管的钱拿出来交给他的孙子，可第五常的孙子却说："祖父确实告诉过我他将自己的薪俸交给您保管，可他说的是三十万，而不是一百三十万啊！"

阎敞回道："一定是太守生病，记错了，他交给我保管的确实是一百三十万。你快好好收好，不要怀疑了。"

阎敞不负第五常嘱托，多年来为他保管钱财，不曾损失，真是信守承诺啊！等见到了第五常的后人，又如数归还，分毫不取，真是公正廉洁啊！至于第五常对自己的孙子说只有三十万，也许是担心世道艰辛，钱财不易保管，容易损失；又或者是他想用一百万的钱财来酬谢阎敞的忠信。阎敞数十年如一日地帮朋友保管钱财，分文不损；第五常的孙子也没有贪恋钱财，如实地说出祖父告诉他的话。他们都是值得我们敬佩的人。

# 羊续悬鱼

太守羊续，却献悬鱼，缊袍[1]示帝，清介[2]非虚。

【原文】

汉羊续，以功臣后，累官太守，清介自持。府丞尝献生鱼，续受而悬之。丞又进，续乃出前鱼示之，以杜其意。灵帝欲拜续为太尉。时进三公者，皆输[3]东园礼钱三万。续乃举缊袍示之，曰："臣之所有，惟此而已。"

【注释】

①缊袍：以乱麻为絮的袍子。古为贫者所服。缊，yùn。

②清介：清正耿直。

③输：捐款，捐财物。

【解析】

东汉的羊续，是历史上有名的廉吏。

羊续曾经在荆州南阳郡做太守，为官公正廉洁，在荆州一带很有声望。羊续平时非常爱吃鱼。有一次，他的下属送给他一尾生鱼，羊续推辞不过便收下了。可是，羊续虽然收下了鱼，却没有吃，而是用绳子把鱼挂了起来。不久后，羊续的下属又拿了一尾鱼过来，羊续便拿出之前的那条鱼给下属看。下属一看，之前送的新鲜的鱼，已经变成鱼干儿了。羊续对下属说："你上次送给我鱼，我是不想让你为难才收下的。但就算我收下了，也不能安心吃掉啊！你的好意我明白了，但不要再送我鱼了。"下属听后，十分佩服羊续的清廉，也明白了他的苦心，从此以后再也没有送鱼给羊续。

后来，皇帝想命羊续做太尉。当时为官的官员，凡是做到这个位置的，都要送给衙门三万礼钱。可是，清廉的羊续家中没有一点积蓄，更别提三万礼钱了。他举起自己破旧的棉布袍子说："微臣为官这些年，所有积蓄都在这里了。"这件事很快传遍了全国，羊续清廉的美名也被世人赞颂至今。

羊续爱吃鱼，可是他廉洁公正，恪守原则，从不会吃他人送来的鱼。他收下下属的鱼，是不忍伤害对方的感情，虽然收下了鱼，羊续却将鱼挂了起来，用来杜绝下属再次送鱼，这是他对清廉的坚守。

# 霸妻清节

王霸之妻，不慕荣禄，夫有愧容，进言清淑。

【原文】

汉王霸，少立高节。光武时连征不仕，其妻亦美志行。霸友令狐子伯相楚，其子为郡功曹，奉子伯书诣霸。霸子方[①]耕，闻客至，负耒[②]而归，见令狐子，惭沮不能仰视。霸亦内愧，令狐子去，卧不起。妻讯知其故，笑曰："君少修清节，不慕荣禄。今子伯之贵，孰与君之高？奈何忘夙志[③]而愧儿女子乎？"霸亦爽然自失，遂偕隐[④]终身。

【注释】

①方：正在，正当。

②耒：lěi，古代指耕地用的农具。

③夙志：平素的志愿。
④偕隐：一起隐居。

【解析】

东汉有一位隐士名叫王霸，他学识渊博，品行端正，很有名望。汉光武帝非常欣赏他，想召他入朝为官。可是，王霸始终不肯改变自己的志向，不愿意入朝为官。王霸的妻子也是一位贤明有礼、善解人意的人，夫妻二人每天过着自给自足的生活，安乐和美。

王霸有一个非常要好的朋友名叫令狐子伯，令狐子伯和儿子都在朝中做官，声名显赫。有一次，令狐子伯的儿子奉父亲的命令，到王霸家里送信。王霸的儿子正在田间劳作，听说家里来了客人，便扛着锄头回家去接待客人。等他回到家，看到令狐子伯的儿子衣着光鲜华美，再看看自己，一身粗布衣裳，不禁暗自羞愧起来。王霸看见儿子这个样子，心里很愧疚，等令狐子伯的儿子走后，便躺在床上不肯起来。他的妻子看他一脸忧愁的样子，知道他是因为儿子而忧愁，就笑着说："你幼年时便志存高远，不慕富贵，不求名利。这么多年，你的志向都没有改变过，这本身已经是非常难得的事了。令狐子伯虽然富贵，可是他的富贵并不是你想要追求的东西。在我看来，你不肯与世俗同流合污，你高洁的心是更加珍贵的东西

啊！现在你又何必为了儿子一时的虚荣心，就忘记自己的志向，感到惭愧呢？”王霸听了妻子的话，恍然大悟，便不再为此发愁了。

无论贫穷还是富贵，只要心是清白的，便令人尊敬。王霸既不愿意入朝做官，也不肯花时间追逐名利，那就没有必要在富贵显赫的人面前感到惭愧了。他的妻子能够在他犹豫不定时开导他，劝告他，实在是贤良明理，善解人意啊！

# 甄[1]彬赎苎[2]

甄彬赎苎，得五两金，送还寺库[3]，朝野同钦。

【原文】

梁甄彬，尝以一束苎，就寺库质钱。后赎苎，于束中得五两金。彬送还寺库。武帝为布衣时，闻之。及践阼[4]，以彬为郫[5]县令。将行，同列五人，帝诫以廉慎。至彬，独曰："卿昔有还金之美，故不复相嘱。"由此名德益彰。

【注释】

①甄：zhēn。
②苎：zhù，植物名，苎麻。
③寺库：指的是寺院经营的专门当铺。
④践阼：即位，登基。阼，当为"祚"。
⑤郫：pí。

【解析】

南北朝时，梁朝有一个名叫甄彬的人，为人正直诚实。

有一次，甄彬急需用钱，便拿着一束苎麻到典当行典当。过了一些时候，他去典当行将苎麻赎了回来。可是，等他回到家仔细看时才发现，苎麻中竟然有五两金子。甄彬马上将金子送回典当铺。甄彬还金的事很快便在当地传开了，人们纷纷称赞甄彬是一个诚实的人。当时还是平民的梁武帝也听说了这件事，非常敬佩甄彬。等到登基之后，梁武帝任命甄彬到郫县做县官。当时与甄彬一起被任命的官员共五位，临走时，梁武帝召见他们，挨个告诫他们：为官要廉洁谨慎，以百姓的利益为主，千万不要贪赃枉法，放弃为官的准则。轮到甄彬时，梁武帝却对他说："你从前就有拾金不昧的好名声，我也一直最看重你诚实正直的特点。我想我并不需要再嘱咐你，你一定不会让我失望的。"甄彬听了，非常感动。他到任之后，更加勤勉认真地为百姓办事。郫县的百姓们都称赞他是一个廉洁公正、德行高尚的官员。

君子常常能看见美好、珍贵的东西，小人却只看得到眼前的利益。甄彬虽然看到了苎麻中的金子，可他爱惜自己的名声，不肯为了不属于自己的钱财而违背做人的原则，丢弃自己身上美好的德行。

# 彦谦官贫

彦谦为令，慈父爱民，人因禄富，我独官贫。

【原文】

隋房彦谦，字孝冲，直道[①]守常[②]，介然[③]孤立。居官有惠政，百姓号为“慈父”，立碑颂德。所得俸禄，皆以周恤亲友，家无余资。虽至屡空，怡然自得。尝顾谓其子玄龄曰：“人皆因禄富，我独以官贫。所遗子孙者，在于清白耳。”

【注释】

①直道：犹正道，指确当的道理、准则。

②守常：固守常法，按照常规。

③介然：耿介，高洁。

【解析】

著名宰相房玄龄的父亲房彦谦，是一位正直廉洁的官员。房彦谦做官以来，遵纪守法，高洁独立，从不与世俗同流合污。他在长安周边地区做官的时候，爱护体恤百姓，施行了很多有利于百姓的政策。当地的百姓都尊称他为“慈父”，为他立碑颂德。

房彦谦做官期间，不仅没有贪取过一分不义之财，还将自己的俸禄都拿出来，周济生活困难、需要帮助的亲戚朋友，以致于家中常常没有多余的钱财。虽然家中没有积蓄，房彦谦却始终坚守原则，怡然自得。

房彦谦曾经对儿子房玄龄说：“人家都因为做官越来越富裕，可是我做官以后，却越来越贫穷了。我没有财产留给你，金银财富这些身外之物，很容易就会失去。我只想留给你‘清白’二字，希望你铭记在心，以后无论是做官还是做人，都不要忘记，清清白白，坚守原则。”

后来，房玄龄官居宰相，仍然清廉公正，时时将父亲的话牢记于心。

百姓们有时将官员称为“慈母”或者“严父”，但房彦谦却被百姓们称作“慈父”，说明他做官时，不仅公正无私，还爱民如子。

# 包拯贡砚

宋有包拯，出知端州，制贡足数，一砚不留。

【原文】

宋包拯，知端州。端土产砚。前守缘贡，率取数十倍，以遗权贵。拯命制者方足贡数，岁满，不持一砚归。平生无私蓄，尝遗戒子孙曰："吾后人仕宦，有犯赃者，不得放归本家，不得入大茔[①]中。不从吾志，非吾子孙也。"

【注释】

①茔：yíng，坟墓，坟地。

【解析】

包拯是中国历史上有名的清官之一，他曾在端州做知县。

端州盛产一种做砚台用的石头。从前在端州做官的官员，都借着进贡皇上的名义，贪取砚石留做已用，百姓们敢怒不敢言。直到包拯上任，这种不良的风气才得以改善。

包拯命令那些做砚台的人每年只做进贡皇帝的砚台，除此之外，一块都不许多做，更不许私下送到官府。命令一出，百姓们非常欢喜，他们终于能够安心生活，再也不用想尽办法去满足官员们的需求了。包拯任职期满，准备离开端州时，没有带走当地一块砚石。

包拯一生清廉节俭，家中没有多余的积蓄，他曾告诫子孙们说："我的子孙中如果有贪赃枉法的人，就不要再回这个家了，死的时候也不许葬在我们包家的祖坟里。我不承认贪赃枉法的人是我的子孙。"

包拯为官正直刚毅，对待百姓宽厚仁慈。他一生尽心尽力为民办事，从不冤枉无辜的人。因为他清廉刚直、不畏权贵，京城中那些有权有势的人都非常害怕他。京城中的百姓都说："如果犯了法，在阴间有阎罗王把关，在阳间有包公审判，谁也别想逃脱。"

# 思永拾钏

思永年幼，拾金候还。失物不索，钏坠袖间。

【原文】

宋彭思永幼时，旦起就学，得金钏于门外，默坐其处。须臾，亡钏者来。物色审之良是，即付之。其人欲谢以钱，思永笑曰："使我欲之，则匿金矣。"始就举[①]，持数钏为资。同举者过[②]之，出而玩。或坠其一于袖间，众为求索。思永曰："数止此耳。"客去，举手揖，钏坠于地。众服其量。

【注释】

①就举：指参加科举考试。

②过：来访，前往拜访，探望。

【解析】

宋朝有一个名叫彭思永的人，他小的时候，有一天早晨去上学，在门外捡到了一只金钏。彭思永心想：丢失了这么贵重的金钏，失主一定非常着急。于是，他默默地留在原地等候失主。

过了一会儿，果然有一个人在焦急地寻找着什么。彭思永便问他："请问您是不是丢了什么东西？"那人赶紧说："是啊是啊！早上赶路，走得太着急了，把一只金钏给丢在路上了。你拾到了吗？"彭思永接着说："我确实拾到了一只金钏，您能描述一下金钏的样子吗？"失主便仔细地将金钏的样子描述了一遍。彭思永听后，知道此人就是失主，便将金钏还给了他。失主拿到金钏后，感激地说："你真是一个诚实的孩子！"说着，便拿出一些钱来酬谢彭思永。彭思永笑着说："如果我这么喜欢钱财的话，就会把金钏藏起来，不还给你了。捡到别人的东西，还给人家，这是天经地义的事情，我不需要你的酬谢。"那人听了，觉得他小小年纪就这么正直诚实，实在是太难得了。

几年后，彭思永去京城考试，带了几只钏子做路费。到京城后，有几个与他一起赶考的同学来探望他。有人看见他带着的钏子，便叫彭思永拿出来，大家一起赏玩。其中一个人不小心将钏子落在了自己的袖子里面。众人觉得少了一只，便四处寻找，却怎么也找不到。彭思永说:“我带来的钏子就是这些，一个也没有少。”等大家准备离开，向彭思永作揖道别时，落在那个书生衣袖里的钏子掉在了地上。众人一看，才明白彭思永告诉他们钏子没有少，是为了照顾大家的感受。

一个年幼的孩子，捡到别人遗失的物品后，能够在原地等候失主，将物品还给失主后，又拒绝对方的酬谢，实在是太难得了。彭思永不仅正直，还十分仁厚。为了避免诬陷别人，他宁愿隐瞒物品丢失的消息。彭思永做官后，清廉公正，爱民如子，被百姓拥戴。无论是为官还是为人，彭思永都值得我们称颂和学习。

# 修母荻[1]训

欧母画荻，教子显扬。贵不忘俭，变而有常。

【原文】

宋，欧阳修母郑氏，生修四岁而寡。贫，自力于衣食，亲诲之学。尝大雪夜，以荻拨炉灰画字学书。居恒语修以："父为吏时，廉而好施与。俸入虽薄，常不使有余，曰：'毋以是为我累。'故亡后无一钱之积，一垄之植。吾所恃以有待者，知汝父仁孝，必有后也。"修感泣，奋力于学。方贫贱时，母治家俭，修举进士，稍显，常不使过之。

【注释】

①荻：dí，多年生草本植物，生长在水边，叶子长形，秋天开紫花。

【解析】

北宋大诗人欧阳修的母亲郑氏，是一位贤明有礼的人。欧阳修四岁时，他的父亲就去世了。欧阳修的母亲独自抚养他，含辛茹苦，任劳任怨。

欧阳修的衣食费用，都由母亲郑氏辛苦劳动获得。郑氏亲自教欧阳修读书识字，教他做人的道理。家中贫苦，没有钱买纸笔，郑氏便用荻草梗在炉灰上教儿子写字，欧阳修就这样跟着母亲学习，勤勉认真，从不懈怠。

郑氏常常对欧阳修说："你的父亲是一位非常廉洁的官员，他正直公正、爱民如子，常常用自己微薄的俸禄，救济穷苦的百姓。他在世时，没有收取过一分不义之财，家中也没有多余的积蓄。他早早就去世了，你们父子之间没有好好相处过，但他是一位品德高尚、仁厚孝顺的人。我一直用心培养你，教育你，就是坚信你将来也会成为一个仁厚有德行的人！"欧阳修每次听到母亲这番话，都感动得泪流满面。他更加用功读书，希望能够有所成就。

后来欧阳修官居高位，母亲郑氏依旧生活得非常简朴，和贫苦时没有太大差别。

庆历三年，欧阳修任参知政事时，因为直言进谏被贬。他非常失落，可是母亲却仍然像过去那样神态自若、谈笑风生。

欧阳修感到很疑惑，郑氏便对他说："我们家原本就过着非常贫苦的生活，我已经习惯了。虽然你现在被贬，可是我心里清楚，你是因为坚持正义，不愿违背原则才这样的。所以，我的心情丝毫没有受影响。我觉得非常欣慰，我想你的父亲也会以你为傲的。"欧阳修听后，非常感动。

欧阳修的一生并非一帆风顺，可是，虽然他遭遇贬谪，却一直正直清廉，在朝廷内外都有很好的声誉。欧阳修的母亲教育儿子，也始终要求他做到节俭、廉洁，不要为了名利而改变自己的原则。她足以成为后世父母教育子女的典范。

诗经

# 林积还珠

林积邸寓[1]，得一锦囊。明珠数百，悉返浔阳。

【原文】

宋林积少入京师，至蔡州邸寓，得锦囊，有明珠数百颗。询主人曰:“前有何人宿此?”主人云:“浔阳周仲津。”积曰:“此人必复至。汝可具吾姓名告之，令来相访。”数日，仲津果至蔡邸寻珠。主人具以姓名告之，乃趋访积。积验其珠，数皆合，悉还之。仲津分珠谢，积固辞不受。

【注释】

①邸寓：寓所。

【解析】

宋朝有一个名叫林积的官员，他公正廉明、严于律己，非常有名望。林积少年时去京师办事，经过蔡州时，到旅店中住宿。到了晚上，林积准备睡觉时，发现床下有一个沉甸甸的袋子，袋子里装着几百颗夜明珠。林积心想，这一定是上一个客人丢失在这里的。于是，他便问店主："之前是什么人住在我这间房间呢？"店主想了想，回答道："是一个名叫周仲津的浔阳人。"林积说："这个人一定会回来。等他来了，你就把我的姓名和住址告诉他，叫他来找我。"

几天后，周仲津果然一脸焦急地到蔡州的旅店中寻找珠子。店主看到他，便把林积的话转达给他。周仲津听后，马上到林积家拜访他。林积见到周仲津，核对了珠子的数量后，便将珠子还给了他。周仲津对林积感激涕零，执意要赠送林积一些珠子作为谢礼，被林积婉拒了。

林积少年时便能拾金不昧，并不是因为他不知道钱财的重要性，而是因为他觉得正直诚实的品德比黄金珠宝更珍贵。林积后来顺利考取功名，官运亨通，他的子孙也都谨记他的教诲，世世代代兴盛不衰。

# 刘徐怒金

徐氏峻洁，富妻不屑，见夫怀金，竟请自绝。

【原文】

宋廉靖先生刘愚妻徐氏，未笄，有志操。母欲以嫁姑子之富者，徐氏泣曰："愿得有志行者事之。为富人妻，不愿也。"后归于愚。时愚结庐城南以居，颓垣败壁，蓬蒿萧然，著书以自适。徐氏机杼佐之，晏如也。一日，愚怀白金数铢以归。徐氏艴然[①]曰："妾以君为贤而事君。今若此，请自绝。"愚出书，则诸生所具束脩[②]也，乃止。

【注释】

①艴然：恼怒貌。艴，fú。
②束脩：学生送给教师的酬金。

【解析】

宋朝有一个名叫刘愚的人，被人们称为“廉靖先生”。他的妻子徐氏也是一个节操高尚的人。徐氏的母亲本来想把她嫁给一个非常富有的人，徐氏哭着对母亲说：“我只想嫁给一个品行高尚，在德行上能够让我敬佩的人，并不愿意嫁给富有的人。”后来她听说刘愚德才兼备，便嫁给了刘愚。当时刘愚家非常贫穷，房子的墙壁破烂不堪，周围长满了野草。可刘愚却怡然自得地读书写作，外出教授学生，总是非常愉悦。他的妻子徐氏在旁边织布，也非常满足。两个人的生活过得安乐和美，一点都不觉得辛苦。

有一天，刘愚回家后，从怀里拿出很多银子。徐氏以为刘愚违背原则，收取了不义之财，便气愤地说：“我一直都坚信你是一个品行高尚、清廉正直的人，可你突然收了这么多钱，是什么意思呢？”刘愚拿出一封信解释道：“我并没有无故收取别人的钱财，这些钱只是我教过的学生为了感谢我给我的报酬而已。”徐氏这才作罢。

刘愚能够一直过清贫的生活，坚守自己的原则，他的妻子徐氏也给了他很多支持。作为妻子，徐氏能够理解自己的丈夫，尊重他的志向，没有一味劝说丈夫去求取功名，实在是难得。

# 许衡心主

许衡暑日，止于道旁，梨非我有，忍渴不尝。

【原文】

元许衡，尝于暑日过河南，渴甚。道旁有梨，众取啖[1]之，衡独危坐不顾。或问之。衡曰："非其有而取之，不可也。"或曰："世乱，此无主。"衡曰："梨无主，吾心亦无主乎？"卒不取。后其乡有果熟烂堕地，童子过之，亦不睨视[2]而去。

【注释】

①啖：dàn，吃。
②睨视：斜视，旁观。睨，nì。

【解析】

元朝有一个名叫许衡的人。有一年大暑，他和朋友一起外出游历。天气非常炎热，众人口渴难耐。刚好路边有一颗梨树，大家便从树上摘了梨子来吃。清甜的梨子吃到嘴里，大家忍不住赞叹不已。

可是，许衡却始终端正地坐在梨树下，既没有吃树上的梨子，也没有去看那些摘梨吃的友人。有人忍不住问他："这么热的天，你怎么不吃点梨子解渴呢？"许衡说："因为这并不是我的梨树。不是我的东西，我怎么能随意摘取呢？"友人笑着回答："现在世道大乱，这棵梨树是没有主人的树啊！"许衡听后反驳道："梨子没有主人，难道我的心也没有主人了吗？"友人听后，也无话可说了。

也许，大多数人都能做到不乱拿别人的东西，但是浪费或者私自占用公共物品的人却不在少数。如果每个人都能像许衡一样，管好自己的心，在所有的小事上都坚守原则，那我们的社会一定会更加和谐、更加美好。

# 李林却枋[1]

李妻林氏，夫妇节廉。却枋再四，守命清严。

【原文】

明李廷机致政归。卒之日，所遗宦橐[2]，仅四十四金，语其妻林氏曰："以二十金治木，以二十金治丧。"时泉州蔡太守觅上、次二副杉枋以备选用。林氏曰："治木治丧，皆有成命。公岂不知太师生平乎？"往复再四，不受。蔡曰："昔门人厚葬颜渊，夫子不能禁。岂吾縻守斯土，而敢以俭薄待吾师乎？"林氏不得已，因取其次者。

【注释】

①枋：fāng，方柱形木材（亦指棺材）。

②橐：tuó，口袋。

【解析】

明朝时，有一个名叫李廷机的宰相，非常清廉，很有名望。李廷机做官数年，年事已高，便决定辞官，告老还乡。李廷机临终前，家中只有四十四两银子。他对妻子林氏说："我留下的这些银子，你花二十两去买一副棺材，剩下的钱就用来办丧事吧。"

当时李廷机的门生中有一个姓蔡的人，在泉州做太守。蔡太守听说老师去世后，便亲自送了两副棺木到李廷机家，一副贵重些，一副普通些，叫李廷机的妻子林氏备用。林氏对蔡太守说："采买棺木、办理丧事，太师都留下遗命了。你是太师的门生，一定知道他一向清廉，即使是葬礼，他也希望一切从简。"于是，林氏便叫人将棺木送了回去。如此一还一送好几次，林氏始终不肯接受。蔡太守说："从前孔子的门人厚葬颜渊，孔子也不能禁止他们这样做。现在我身为地方官，又怎敢让我老师的葬礼俭朴清冷呢？"林氏推脱不掉，便选择了那副普通的棺木将李廷机安葬了。

李廷机虽然官至宰相，可他一向清廉，从不收取不义之财。他们夫妇二人的生活一直都很清苦，可是，他们却从始至终都能坚持操守，让人敬佩。而那位蔡太守，能够在自己的老师死后，为老师料理后事，也是一个尊师重道、有礼有节的人。

# 邦耀却[1]竹

明施邦耀，共惊为神，却朱墨竹，好学守仁。

【原文】

明施邦耀，好王守仁之学。为漳州知府，尽知属县奸盗主名，每发辄得，阖[2]境惊为神。迁福建布政使，或馈之朱墨竹，姊子请受之。曰："我受之，彼即得乘间[3]以尝我，我则示之以可欲之门矣。"竟却而不受。

【注释】

①却：推辞。

②阖：hé，全。

③乘间：利用机会；趁空子。

【解析】

明朝有一个名叫施邦耀的人，在漳州地方做知府。他吩咐属下将漳州地区经常作奸犯科的不法分子的名字打听清楚，并叫人记录下来。每次有案件发生，他总能以最快的速度抓到罪犯，很受百姓爱戴。

由于施邦耀名声卓著，朝廷升任他做了福建地区的布政使。有一次，当地一个富商送给施邦耀一幅珍贵的墨竹图，他姐姐的儿子一直劝他收下。施邦耀说："现在福建一带的权贵们都在想方设法接近我、讨好我。他们不惜重金，送各种珍贵的礼物给我，都被我拒绝了。我收下任何一件礼物，都会让大家认为我是一个经受不住诱惑的人。到时候，会有更多的人来试探我，那时就算我不愿做违背良心、违背为官之道的事，也由不得我了。所以，我不会收下任何礼物。墨竹图虽然难得，我也不会收的。"他的外甥听完，也无话可说了。

人一旦放松警惕，不那么坚定地坚守为官的原则，就会有更多的人投其所好，送更多更好的礼物来，那时就算他们想拒绝别人的礼物，也无法拒绝了。施邦耀正是意识到了这一点，才能时时刻刻保持理智，坚定地坚持自己的原则，因此他一生都有清廉正直的好名声。

# 耻

# 夷齐采薇

伯夷叔齐，洁身如玉，饿于首阳，耻食周粟。

【原文】

殷伯夷、叔齐，孤竹君之二子，让国逃隐。闻文王作[①]，同归于周。武王伐纣，夷齐叩马而谏[②]，左右欲兵之。太公曰："此义人也。"扶而去之。武王已平殷乱，夷齐耻不食周粟。隐于首阳山，采薇而食，遂饿死山下。

【注释】

①作：兴起。

②叩马而谏：勒住马头进行规劝。形容竭力进行劝谏。

【解析】

殷商末年，孤竹君有两个儿子，一个叫伯夷，一个叫叔齐。孤竹君临死时留下遗命，立叔齐为国君，可叔齐不愿接受王位，便让位给伯夷，伯夷也不肯接受。兄弟二人便一起到山上隐居了。

后来，周文王兴起，伯夷、叔齐便一起归顺了周文王。文王去世后，商纣王无道，周武王带兵讨伐纣王，伯夷和叔齐认为这样做不符合为臣之道，极力劝谏武王不要起兵。周武王手下的人想要杀了他们俩，姜太公制止说："这两个人非常有义气，不可以杀掉他们啊！"周武王便将他们俩放走了。

后来，周武王打败了残暴的纣王，建立了周朝。伯夷、叔齐认为周武王违背礼仪，这样的国君让他们觉得羞耻，因此他们始终不肯吃周朝的粟米。伯夷与叔齐一同隐居在首阳山中，靠采一些野草野果充饥，最后饿死在山下。

伯夷非常有孝心，他遵从父亲的遗命，将王位让给弟弟叔齐。叔齐也顾念兄弟情义，不愿做国君。二人都是心地纯良的人。后来他们极力劝谏周武王起兵，也是出于对国家的一片忠心。他们以吃周朝的粮食为耻，宁死也不肯做周朝臣子，是因为他们作为殷商后裔，始终认为周武王以臣子的身份讨伐国君是不忠不义的行为。单从个人的角度来看，伯夷、叔

齐令人敬佩。可是，站在百姓的立场，周武王起兵讨伐残暴的商纣王，推翻殷商暴政，让大家过上安居乐业的生活，更值得人们尊重。

# 丘明素臣

丘明所耻，匿怨[1]友人，巧言[2]令色，足恭[3]异伦。

【原文】

周左丘明，受经于孔子，因《春秋》作传。杜预云："仲尼为素王，丘明为素臣。"孔子尝曰："巧言、令色、足恭，左丘明耻之，丘亦耻之。匿怨而友其人，左丘明耻之，丘亦耻之。"宋元丰中，诏左丘明从祀[4]，封瑕丘伯。

【注释】

①匿怨：对人怀恨在心而不表现出来。

②巧言：表面上好听而实际上虚伪的话。

③足恭：过度谦敬，以取媚于人。

④从祀：犹配享，附祭，陪祭。

【解析】

左丘明是春秋末期著名的史学家、文学家、政治家。他与孔子关系密切，曾跟着孔子一起学习经书，并鼎力支持孔子从政。孔子曾作《春秋》一书，左丘明为了解释《春秋》，写成一部内容丰富的《左传》。《左传》是左丘明一生最重要的著作，也是他史官生涯中最大的成就。

西晋著名学者杜预曾经说过："孔子虽然没有登上过王位，可是他的德行、影响力都与王相差无几；左丘明虽然只是一个史官，但他对国家的贡献丝毫不比那些朝堂高官差。"孔子曾说："一个人如果表面说好听的话，可实际的行为却很虚伪，对待权贵谄媚讨好，装出过分恭敬的样子，左丘明认为这样的人很可耻，我也这样认为。如果一个人对另一个人怀恨在心，表面上却笑容满面，左丘明认为这样的人也是可耻的，我也这样认为。"

宋朝元丰年间，皇帝曾下诏书在孔子的大成殿为左丘明设立祭堂，并追封他为瑕丘地方的伯爵。

孔子与左丘明都是重礼义、轻名利的人。他们一生都没有做过高官，但是他们都为后世留下了丰富的精神财富。左丘明为中国史学做出了非常大的贡献，他所作的《左传》，文笔生动，内容详实，具有很高的史学价值，他本人也被称为"百家文字之宗、万世古文之祖"。

# 勾践尝胆

越王勾践，焦思苦身，不忘国耻，尝胆卧薪。

【原文】

周越王勾践之困于会稽也，喟然[①]叹曰："吾终于此乎？"大夫种曰："何遽[②]不为福乎？"吴既赦越，勾践返国。乃苦身焦思，置胆于坐，坐卧即仰胆，饮食亦尝胆也，曰："汝忘会稽之耻耶？"十年生聚[③]，十年教训，卒沼吴[④]以雪耻。

【注释】

①喟然：形容叹气的样子。
②何遽：犹言怎么就，表示反问。遽，jù。
③生聚：繁殖人口，聚积物力。
④沼吴：灭吴，使吴为沼，即让吴国沦为沼地。

【解析】

春秋末期，吴王阖闾派兵攻打越国，被越王勾践打败，阖闾受了重伤。临死前，他嘱咐儿子夫差一定要灭掉越国，为自己报仇。夫差牢记父亲的遗命，招兵买马，励精图治，为攻打越国做准备。后来时机成熟，吴王夫差出兵攻打越国，大败越王勾践。勾践走投无路，悲痛地感叹道："难道我就这样完了吗？越国的霸业就这样毁于一旦了吗？"说完，便准备拔剑自杀。这时，越王的谋臣文种劝阻他说："您不能死，死了就一点机会都没有了！现在越国虽然亡了，可是谁说这一定是坏事呢？只要您保住性命，就不怕没有复国的那一天。"越王勾践听后说；"可是，就算我不自杀，吴王夫差也不会放过我的啊！"文种接着说道："据臣所知，吴国的大伯嚭贪财好色，可以派人给他送去金银财物，请他带我去见吴王，到了吴王面前，我自然会为您求情的。"勾践听从了文种的建议，不再寻死。

文种见了吴王后说："越国已经亡了，越王勾践愿意投降，甘愿做您的奴仆，请您饶恕他，不要杀他。"吴国的臣子伍子胥等人反驳道："大王，不能轻易饶恕越王勾践啊！俗话说'斩草除根'，越王狡猾机敏，他手下的文种、范蠡等人精明能干，如果这次放了他们，日后他们一定会来复仇的。"吴王夫差听完众人的话后，想了想说："越国已经被吴国所灭，勾践也成为阶下囚，他从此以后就是我们吴国的奴仆了，至于勾践身边那些人已经不足为患。我不会让勾践轻易死去的，我要让他一直都做吴国的奴仆。”说完，吴王夫差不再听伍子胥等人的劝告，答应了越国投降的请求。

吴国撤兵后，勾践便带着自己的妻子和大臣范蠡到吴国做吴王夫差的奴仆。他对吴王夫差言听计从，终于赢得了吴王的欢心和信任。三年后，吴王将勾践放回越国。

勾践回国后便开始认真思考自己失败的原因，并决定复仇。他奋发图强治理国家，几乎没有休息的时候。他让自己牢记被吴国打败的耻辱，以免在舒适的生活中消磨了报仇的志气。他每晚枕着兵器睡在稻草堆上，还在房间里挂了一只苦胆，每天都舔一舔，用苦苦的胆汁提醒自己，不要忘了三年以来的耻辱。他常常对自己说：“你忘了被吴王打败的耻辱了吗？你忘了自己在吴国做俘虏的耻辱了吗？”

越王勾践卧薪尝胆，用十年的时间繁殖人口，积聚物力，又用十年的时间招兵买马，操练士兵，最后终于将吴国打败，洗刷前耻，成为春秋时期最后一位霸主。

# 相如称疾

相如忍辱，秦不加兵，廉颇感化，请罪负荆[①]。

【原文】

周蔺相如、廉颇，同仕[②]赵。相如位居颇上，颇欲辱之。相如每称疾引避[③]，人皆耻之。相如语舍人曰："秦不敢加兵于赵，以吾两人在也。吾所为者，先国家之急，而后私仇也。"颇闻之，肉袒负荆，造门[④]请罪，遂为刎颈交。

【注释】

①负荆：背着荆条，比喻请罪。
②仕：做官，出仕。
③引避：让路，躲避。
④造门：上门，到别人家去。

【解析】

战国时，赵国有一位非常有名的外交家名叫蔺相如，他有勇有谋，胸怀宽广。赵惠文王时，赵国得到一块价值连城的和氏璧。秦国想霸占和氏璧，便提出愿以十五座城池来交换和氏璧的主意。蔺相如携带和氏璧出使秦国，凭借智慧与勇气完璧归赵。

后来，秦国攻打赵国，秦王派使者请赵王到渑池会盟讲和，可赵王畏惧秦王的威严，不愿前往。蔺相如便极力劝说赵王："您如果不去，秦国会觉得我们赵国软弱可欺，您只有亲自前往，才能证明我们赵国是不可战胜的！我会陪伴在您左右，希望您不要害怕。"赵国的另一位猛将廉颇也劝赵王："您放心去吧，我与赵国的诸位将领、士兵都是您坚强的后盾。您这次前去会盟，如果时间超过三十天，就请立太子为王，以免秦国想要以您来要挟赵国投降。"赵王听了，非常安心。渑池会盟时，蔺相如不卑不亢，从容应对秦国的刁难，不仅挽回了赵国的声誉，还令秦国将领们对赵国产生了畏惧之心。最终，赵王平安回国。

渑池会盟后，由于蔺相如功劳最大，被封为上卿，地位在廉颇之上。廉颇对此非常不满，常常抱怨说："我在沙场浴血奋战，功劳也很大，蔺相如不过是能说会道罢了，地位就比我都高了，这太不公平了！我一定要找机会羞辱羞辱他。”可是，蔺相如听到廉颇的抱怨，却从来没有回应过。每次廉颇想要羞辱他时，他总推说自己生了病，远远地避开。大臣们都觉得，蔺相如是个胆小怕事的人。时间一长，蔺相如府中的门客也忍不住说：“我们来投奔您，就是仰慕您的智慧和勇气，可如今廉颇口出恶言，经常辱骂您，您却一再躲避他，我们都为您感到羞愧！您如果继续这样胆小怕事，我们也不愿再继续支持您了。”蔺相如听后说：“诸位觉得，廉颇将军与秦王比，谁更难对付呢？”众人回答道：“那自然是秦王厉害了，廉颇将军不能与他相比。”蔺相如接着说：“秦王手下高手如云，兵力强盛，可是我却敢在秦国的大殿中当众呵斥他，廉颇将军尚且不如秦王，我又怎么会害怕他呢？我并不是因为害怕廉颇将军才处处忍让、躲避他的。我作为赵国的臣子，要以赵国的安危为重啊！秦国之所以不敢再次发兵攻打赵国，就是因为赵国有我和廉颇将军在。如果我们两个人不和，秦国就有了可乘之机，赵国会再次陷入危险！现在我忍让、躲避廉颇将军，就是不愿与他发生冲突，使赵国陷入危险的境地。”众人听了，恍然大悟，纷纷夸赞蔺相如是一个胸怀宽广，志存高远的人。

蔺相如的这番话很快便传到了廉颇的耳朵里，他听后羞愧不已，终于明白了蔺相如的一片苦心。于是，他脱去上衣，

背着荆条，到蔺相如门前请罪。廉颇见了蔺相如，愧疚地说：“我真是一个粗野无知的人啊！将军您这样宽厚仁义，我却让您无辜受累，实在是我的过错！我给您道歉，您想怎么惩罚我，便怎么惩罚我吧！”蔺相如笑着将廉颇扶起来说：“将军您亲自来我府上致歉，我已经知道您的诚意了。只要我们能够团结一致，就不怕秦国来犯了。”从此，二人成为生死之交，一直到死都没有再发生过矛盾。

蔺相如事事以大局为重，即使自己受了屈辱，也一点都没有放在心上，因为他关心的始终都是国家的安危，是如何才能避免让国家受辱啊！

# 刘宽多恕

刘宽示辱，仅以蒲鞭[①]，失牛误认，徒步归焉。

【原文】

汉刘宽，温仁多恕。有失牛者，就宽车认之，宽下驾步归。有顷，失牛者得牛送还，谢曰：“惭负[②]长者，随所刑罪。”宽曰：“物有相类，事容脱误。幸劳见归，何为谢之？”州里服其不校。典历三郡，吏民有过，但以蒲鞭示辱。

【注释】

①蒲鞭：以蒲草为鞭。常用以表示刑罚宽仁。

②惭负：羞惭，惭愧辜负。

【解析】

东汉有一个名叫刘宽的人，他性格温和仁厚，胸怀宽广，常常帮助别人，不计较得失。

有一次，村子里有人丢了一头牛，失主非常着急，到处寻找。恰巧刘宽驾着牛车经过，失主一看，便说刘宽驾车的那头牛是自己家丢失的那头。刘宽看失主着急的样子，便什么都没有说，让他把牛牵走了。

刘宽步行回到家后，家人都很奇怪地问他："牛哪里去了？"刘宽也没有多说什么。过了一会儿，丢了牛的失主牵着刘宽的牛来向他道歉："真是太抱歉了。刚刚太着急了，把您的牛误认成我家丢失的那头，冤枉了您，我真的很惭愧。我把牛给您送回来了，我向您请罪。"刘宽笑着说："您家丢了牛，着急是在所难免的事情。谁都会有弄错的时候，实在不需要为此而羞愧啊！再说您这么辛苦地把牛送回来，我已经知道您的诚心了。街坊邻居间，又有什么好惩罚的呢？"丢牛的人听后，更加佩服刘宽了。

这件事很快在当地传开了，人们都称赞刘宽是一个宽宏大量的人。

后来，刘宽入朝为官，声名显赫，却依然宽以待人，从不过分计较下属们的过失。每次得了功劳，刘宽总将功劳归在他身边的人身上；每次有了灾祸，刘宽却总是最先检讨自己。他做官期间，对待百姓就像对待自己的亲人一样。遇到老人，他便与他们聊聊庄稼收成；遇到小孩，他便教导他们要孝顺友爱。他家中的仆人端汤时不小心洒到了他身上，弄脏了他的衣服，他不仅没有发怒，还关切地询问对方有没有烫到手。刘宽的善良宽厚感动了他身边的人，因为他的感化，他身边的亲戚朋友也都变得宽厚仁慈了。

# 甄[1]宇瘦羊

博士[2]甄宇，耻众分羊，特取瘦者，千古名扬。

【原文】

汉甄宇，字长文。建武中，每冬日，诏赐博士一羊。羊有大小肥瘦，诸博士争羊不已，欲杀羊分肉。宇时为博士，以分羊为耻，因先自取其最瘦者，乃免争。后帝知其事，因呼宇为“瘦羊博士”。

【注释】

①甄：zhēn。

②博士：古代学官名。

【解析】

东汉有一个名叫甄宇的人，在朝廷中担任五经博士。汉光武帝年间，每逢天气寒冷的冬天，皇帝都要下诏书，赏赐五经博士们每人一头羊，让他们带回家与家人一起吃。可是，皇帝赏赐的羊，大小不一，肥瘦不相同。大家都争着抢着要那些又大又肥的羊，为此吵得不可开交。有些人提出先把羊杀了，再把羊肉平均分配给每个人。

甄宇觉得为了得到更多的羊肉便这样争吵，实在是很羞耻的事。因此，他主动挑选了一只最瘦小的羊。众人看到后，都觉得非常羞愧，便互相谦让起来。此后，这种无谓的争吵才得以免除。后来，汉光武帝知道了这件事，非常赞赏甄宇的做法，亲切地将他称作"瘦羊博士"。

孔融四岁便知道让梨，甄宇在众人为了得到更大更肥的羊而争吵不休时，默默挑选了一只最瘦小的羊，他们谦让有礼的行为在千百年后依然被人称赞。像孔融、甄宇这样的人，都觉得羞耻心是比眼前的利益更重要的东西。因为一点利益便吵闹不休，其实是被名利蒙蔽了双眼，忘记了为人应有的羞耻心啊！

# 麒麟羞刘

麒麟仁厚，刑罚何堪？以卿应斩，普庆大惭。

【原文】

北魏韩麒麟，参慕容白曜军事，攻升城，将坑之。麒麟谏曰："宜示宽厚。"曜从之，皆令复业①，齐人大悦。拜齐州刺史，为政尚宽。从事刘普庆曰："明公仗节方夏，无所诛斩，何以示威？"麒麟曰："刑罚所以止恶，仁者不得已而用之。若必断斩立威，当以卿应之。"普庆惭惧而退。

【注释】

①复业：恢复正常。

【解析】

北魏有一个名叫韩麒麟的人，在慕容白曜的军队中做官。有一次，韩麒麟跟随慕容白曜一起攻打升城。当时升城兵力不足，可是升城守将却带兵坚守，誓不投降。慕容白曜为了攻下升城，花费了很长时间，损耗了很多兵力。他发誓等他攻下升城，一定要把城中的百姓全部活埋。韩麒麟不忍心看无辜的百姓送命，便劝慕容白曜："现在我们才刚刚攻下升城，耗费了很多精力，很多士兵为此送命。升城之所以这么难攻，就是因为升城守将德高望重，百姓们都愿意跟随他，团结一致的缘故。现在我们终于攻下升城，更应该显示您的宽厚仁慈，让百姓信服您、尊敬您，而不是让他们充满仇恨，引发变故，使我们陷入危险的境地啊！"慕容白曜听完，觉得非常有道理，开始安抚百姓，让他们尽快恢复正常生活。当地的百姓免于灾祸，还能正常生活，都非常高兴。

后来，朝廷任命韩麒麟做齐州刺史。韩麒麟做官以后，施行宽厚的仁政。有一次，他的下属刘普庆对他说："您做了齐州的刺史官以后，为什么不诛杀几个人来显示您的威严呢？"韩麒麟听后说："刑罚是用来惩罚恶人的，仁慈的人也是不得已才会用刑罚来惩罚恶人。百姓们没有触犯法令，我怎么能滥杀无辜呢？如果你认为一定要杀几个人才能立威，那我就先拿你开刀吧！”刘普庆听了，吓得连连叩头，不住认错，灰溜溜地退下了。

# 道虔激耻

道虔送笋，捃拾[①]自资，同捃争穟[②]，悉以与之。

【原文】

南宋沈道虔，人窃其园菜，虔自逃隐。有拔其屋后笋，则买大笋送之，曰："欲竹得成林耳。"盗惭不取。使置其门内而还。尝以捃拾自资，同捃者争穟道。虔谏不止，悉以所得与之，争者愧恧[③]。后每事辄云："勿令居士知。"

【注释】

①捃拾：拾取，收集。捃，jùn。

②穟：suì，成熟的禾穗。

③愧恧：惭愧。恧，nǜ。

【解析】

南北朝时，南宋有一个名叫沈道虔的人，他宽容大度，非常仁爱。有一次，沈道虔发现有人偷偷摘他园子中的蔬菜，他不但没有当众揭穿对方，反而担心偷菜的人被发现后会感到难堪羞愧。于是，他偷偷躲了起来。有人偷偷拔他屋后的笋，沈道虔便另外买了一些大笋，亲自送给那个偷笋的人，并对他说:“我在房子后面种那些笋，是希望它们以后能长大，长成一片竹林。你要是想吃笋，就吃我送来的这些吧，不要再去我房子后面拔了。”偷笋的人听了沈道虔的话，非常羞愧，一直给沈道虔道歉，无论如何都不肯收下沈道虔送来的笋。沈道虔没有办法，就叫人把那些笋放在了他家门口。

沈道虔生活节俭，经常到田里拾取遗留下来的稻穗。一起拾穗的人，看到稻穗便拼命争抢，有时为了一点稻穗就大打出手。沈道虔知道，遇到这种情形，即使好言相劝，也不能让他们停下，便把自己拾来的稻穗全部分给他们，希望他们能够和和气气地解决问题。那些人看到沈道虔这样大度，都羞愧地低下了头。

沈道虔仁厚有礼的名声传遍了四邻八乡，人们每次做了很惭愧的事，都会对其他人说:“这件事千万不要让沈道虔知道啊！”

# 崔劼立身

崔劼立身，耻言自达；虽有佳儿，不为荐拔。

【原文】

北齐崔劼，历任尚书，见称简正[①]。初，和士开擅朝，曲求物誉，人颇因此为子弟干禄[②]。世门之胄，多处京官。而劼二子，并为外任。弟廓之从容谓劼曰："拱、撝[③]幸得不凡，何为不在省府中清华之所，而并出外藩？"劼曰："立身在耻以言自达。今若进儿，与身何异？"闻者咸叹服。

【注释】

①简正：严肃正大；严正。

②干禄：古语，有求福、求禄位、求仕进之意。南北朝时特指公家所给的俸禄，后来多指求取功名利禄。

③撝：huī。

【解析】

南北朝时期，北齐有一个名叫崔劼的人，在朝廷中做尚书。他为官公正，非常有名望。当时的北齐，和士开手握大权，他不惜一切代价为自己争取财物和名誉。北齐的大官们都争先恐后地与他结交，许多人都为自己的子弟去求官。因此，当时许多大官的儿子都在京城做官，声名显赫。

崔劼也有两个儿子，一个叫崔拱，一个叫崔撝，都在地方做官。崔劼从未因为儿子的事向和士开提过请求。有一次，崔劼的弟弟问他说："你的两个儿子都非常优秀，才华横溢，相貌堂堂，为什么你不让他们留在京城做官，而要让他们到地方去呢？"崔劼回答说："一个人就算才华出众，也不该一味地夸赞自己。如果只会用言语来推荐自己，这是非常羞耻的事。我推荐自己的儿子，和推荐自己又有什么区别呢？"崔劼的弟弟听后，也无话可说了。

作为父母，没有人不爱自己的孩子。做官的人，也希望自己的后代显达荣耀。崔劼虽然做了高官，却能够规范自己的行为，不肯为了私利去做违背道德的事。那些为了追名逐利便不顾廉耻的人，在崔劼面前一定会感到羞愧吧！

# 崔卢仕训

崔母卢氏，训子官箴[1]。轻裘肥马[2]，内愧于心。

【原文】

唐崔玄暐[3]母卢氏，有贤操。尝诫子曰："吾闻从官者，有人言其贫无以自存，是好消息。若资财充足，裘马轻肥，是恶消息。苟以禄廪[4]奉亲，则可。不然，何异盗乎？纵无大咎[5]，独不内愧于心？汝为吏，若不忠清，何以戴天履地？宜识吾言。"故玄暐以清白名。

【注释】

①官箴：做官的戒规。箴，zhēn。

②轻裘肥马：穿着轻暖的皮袄，骑着肥壮的好马。形容生活阔绰。

③暐：通"炜"。

④禄廪：lù lǐn，用作官俸的粟米；官俸。
⑤咎：jiù，罪过；过失。

【解析】

唐朝有一个名叫崔玄炜的人，他的母亲卢氏贤良有礼，德操高尚。

崔玄炜长大后，在外做官多年，母亲卢氏曾经告诫他："在外做官的官员，如果生活贫苦，衣着节俭，这看起来很凄惨，其实是好消息！如果一个官员积蓄充足，过着锦衣玉食的生活，出行时骑着最壮实的马，这看似光鲜，其实是一个很坏的预兆！如果能用做官所得的俸禄去侍奉双亲，帮助贫苦的百姓，这就是非常好的官员。反之，如果一个官员用自己的俸禄去贿赂上级，祸害百姓，那他便不是一个好官。做官不为百姓做主，只为自己的利益奔波，这样的官员和强盗又有什么区别呢？身为官员，如果不能做到忠正清廉，怎么能无愧于心地立于天地之间呢？你要牢记我的话，无论是为官还是为人，都不要忘记羞耻心，都不要为了名利丢弃自己最珍贵的德行啊！"

崔玄炜将母亲的话牢记于心，所以一直以清白闻名。

# 庐革避试

庐革应举，耻荐以私，去弗就试，上谕嘉之。

【原文】

宋庐革，字仲辛，吴兴人，少举童子。知杭州[①]马亮见所为诗，异之。时值贡举，亮戒主司勿遗革。革闻曰："以私得荐，吾耻之。"去弗就试。后二年，遂首选。至登第，年方十六。神宗谓宰相曰："雅闻革廉退士也，宜拜嘉郡守。"

【注释】

①知杭州：杭州知府。

【解析】

宋朝有一个名叫庐革的人，他幼年时便聪颖好学，擅长诗文，被当地的人举荐为童子。

杭州知府马亮偶然看到了庐革所作的诗句，对他的才华大为赞赏。这时正好赶上科举考试，马亮便叮嘱考试官："庐革是一个优秀的人才，这次考试，千万不要把他落下了。"这件事很快传到了庐革的耳朵里，他说："我只想凭借自己的真才实学去考试，因为私下的人情委托而考取，我觉得非常羞耻。我不愿意这样做，我宁愿不去考试。"因此，庐革便没有参加那次考试。

两年后，庐革才去参加考试，考了第一名。他考取进士的时候，年仅十六岁。庐革小小年纪就正直诚实的事迹在当地被广泛传颂。后来，神宗皇帝听说了庐革的事迹，便对宰相说："我听说庐革是一个知廉耻、讲礼仪的读书人，他不仅学识渊博，德行上也是天下读书人的榜样啊！我要任命他做嘉郡一带的太守官。"

科举时代，读书人为了能够榜上有名，很多人会找人代写文章，也有些人会贿赂高官，不顾廉耻。像庐革这样正直知耻的读书人，一定羞于与那样的人为伍吧。

# 纯仁无愧

宋范纯仁，坦白胸襟，不援维例[1]，无愧于心。

【原文】

宋范纯仁，尝与司马光论役法，不合。后朝廷治司马党，韩维以执政日与光不合，得免。或劝纯仁援维为例，纯仁曰："吾昔与君实同朝论事不合，则可；以为今日解脱地，则不可。有愧心而生，孰若无愧心而死乎？"

【注释】

①援例：引用。

【解析】

北宋文学家范仲淹的儿子范纯仁，是一个正直无私、光明磊落的人。他在朝做官时，曾与司马光在差役之法上有意见不一致的地方。后来朝廷处置司马光一党，许多人为了免于责罚，都要辨明自己与司马光意见不合。有一个叫韩维的人，因为曾经反对司马光的意见，免于被罚，韩维觉得非常庆幸。有人劝范纯仁："你从前不是也与司马光意见不合吗？你应该像韩维一样去申辩，要求免罪啊！"范纯仁说："我从前与司马光一起在朝为官，议论政事是常有的事。至于对一件事的看法有分歧，那更是再自然不过的事情了。现在把这个当作脱罪的理由，是非常不合适的。况且，一个人与其因为做了有损德行的事羞愧地活着，还不如坦坦荡荡地死去。"

范纯仁一生正直仁厚，非常推崇儒家提倡的道义。他常常告诫自己的子孙："即使再愚笨的人，责怪别人时就变得聪明起来；而一个再聪明的人，如果宽恕自己就会显得昏昧。一个人如果能够用要求别人的心来要求自己，用宽恕自己的心来宽恕别人，那么他就离圣贤不远了。"

范纯仁的子孙们都认真遵从他的家训，后来都取得了不错的成就。

# 叶颙[1]赧赏

叶颙正简[2]，耻曰羡余。不增田亩，不益先庐。

【原文】

宋叶颙，绍兴初进士，知常州。或劝其献羡余，当得美官。颙曰：“名为羡余，非重征，则横敛也。以利易赏，心实耻之。”后官至宰相，识大体，抑侥幸。服食僮妾，不改其旧。服官二十年，临终仅有地一亩，卒谥“正简”。林光朝以诗哭之云：“传家惟俭德，无地着楼台。”人以为实录。

【注释】

①颙：yóng。

②正简：正直简朴。

【解析】

南宋有一个名叫叶颙的人，在常州做知州。叶颙为官清廉，在常州一带很有名望。有人劝叶颙把地方赋税的盈余送给朝廷中的官员，以求取更高的官职。叶颙说："这些钱名义上是盈余，实际上还不是重复征收、横征暴敛得来的吗？无辜的百姓因为苛捐杂税受累，如果用这些钱财去换取利益，我觉得非常羞耻，这样的事我是不会做的。"

叶颙后来做官做到宰相，仍然事事以人民为重，坚决杜绝侥幸求进的风气。他的吃穿用度和从前没有什么变化，吃的仍然是非常清淡的饭菜，穿的衣服也非常朴素，生活过得非常简朴。他为官二十年，临终的时候，家中只有一亩田地，再没有多余的积蓄，死后谥号"正简"。当地有一位名叫林光朝的人，为他作诗哭悼："传家惟俭德，无地着楼台。"众人都觉得十分贴切。

羞耻之心，人人皆有，只是碰到财、色两大难关时，很多人便不顾廉耻，丧失了做人最基本的原则。叶颙身边的人所说的赋税的盈余，实际上就是横征暴敛得来的不义之财。有些人心存侥幸，觉得使用这些钱财是完全合理的，可是叶颙却始终不肯这样做。叶颙的德行让人敬佩。

# 元定衾影

元定八岁，已能咏吟。行不愧影，寝不愧衾。

【原文】

宋蔡元定生而颖悟，八岁能诗，日记数千言。及长，登西山绝顶，忍饥啖荠以读书。闻朱熹名，往师之。熹叩[①]其学，大惊曰："此吾老友也，不当在弟子之列。"韩侂[②]胄设伪学之禁，被谪道州，贻书训其子渊、沉曰："独行不愧影，独寝不愧衾。勿以吾得罪懈其志。"卒赐谥"文节"。

【注释】

①叩：询问，举发。

②侂：tuō。

【解析】

南宋有一个名叫蔡元定的人，从小聪颖好学，非常有悟性。他八岁时就能作诗，出口成章，每天能熟记几千个字。

长大后，为了专心读书，蔡元定登上西山的最高处，实在饿了便以山上的荠菜为食。他就这样博览群书，涉猎天文、地理、音乐等各种知识。

后来，他听说了朱熹的名声，前去拜师。朱熹询问他平日所学，惊讶地说："以你现在的学问，我们以老友的身份进行探讨便可以了，你根本不需要拜我为师！"由于蔡元定学识渊博，知晓各种学问，他总能把那些疑难问题讲解得非常清楚。朱熹曾经夸赞他："人读易书难，季通读难书易。"

蔡元定入朝为官后，清廉正直，被视为众臣的典范。后来，蔡元定遭人诬陷，被贬到湖南道州。他在道州写信给两个儿子说："一个人应该清清白白地做人，踏踏实实地做事：在独自行路时，面对自己的影子丝毫不感到羞愧；独自就寝时，对着床上的被子也丝毫不感到惭愧。你们不要因为我获罪被贬，就忘记了你们的志向，忘记了做人的道理啊！"

蔡元定过世后，朝廷封赐他谥号"文节"。

# 张计何愧

张母计氏，送子长途。忠直得祸，有何愧乎。

【原文】

宋张浚母计氏，子幼时，即教以父之言行。后浚以秦桧误国日甚，欲力争以悟君心，念母年高，言之必致祸。忧之，体为之瘠。母怪问，以实对。母不应，惟诵其父绍圣初对方正策之辞，曰："臣宁言而死于斧钺，不忍不言以负陛下。"浚意遂决，书上，窜谪[①]。母送之曰："行矣，汝以忠直得祸，何愧？惟勉读圣人书，无以家为念。"

【注释】

①窜谪：因罪而贬官放逐。

【解析】

南宋名臣张浚的母亲计氏，在张浚很小的时候，便以他父亲的言行来教导他，让他做一个正直的人。

后来，张浚在朝廷中做了官。当时奸臣秦桧当道，陷害忠良、坑害百姓，朝廷的风气日益败坏。张浚想要竭力劝谏皇上，让皇上看清国家的现状。可是他想到母亲年事已高，如果自己贸然进谏得罪皇上，引来灾祸，怎么对得起母亲呢？

张浚犹豫不决，忧心忡忡，人也消瘦了很多。计氏看到儿子这番模样，心中奇怪，担心地问道："最近有什么烦恼的事吗？怎么看你每天坐立不安呢？"张浚想了想，便对母亲说："现在朝中风气太差，秦桧等人手握大权，诬陷忠良，皇上听信小人谗言。我不忍心看到这种现状，想亲自向皇上进谏，可是这样一定会得罪秦桧等人，也许我将为此获罪，连累母亲啊！我想了很多天，实在不知道该怎么办。"计氏听后，并没有直接回答张浚，只是诵读了张浚父亲曾经写过的一篇文章里的话："我情愿说真话后获罪，也不忍心什么都不说，辜负皇上，辜负国家。"

张浚听后，坚定了决心，给皇上写了一封奏章。他因此获罪，被贬官流放。张浚出发时，计氏为他送行，对他说："你安心去吧，不用担心我！你是因为忠诚而获罪，没有过错，也不必为此感到羞愧。到了那边照顾好身体，勤勉读书，不用记挂家里。”

计氏时刻教导儿子以父亲为榜样，所以张浚从小便正直诚实，做官之后也以国家利益为先，直言敢谏。在张浚被流放后，计氏又安慰儿子不必因为忠直获罪而感到羞愧。计氏真是贤明母亲的典范啊！